बहकते क़दम

कविता, शायरी, मुहावरे....

श्रीराज मेनन

Made with ♥ on the Notion Press Platform
www.notionpress.com

क्रम-सूची

क्रम-सूची

क्रम-सूची

क्रम-सूची

क्रम-सूची

भूमिका

पुस्तक में लेखक द्वारा लिखित हिंदी कविताएँ और शायरी शामिल हैं। इसमें कविताएं, शायरी और प्रेरणादायक उद्धरण शामिल हैं।

इस पुस्तक में लेखक द्वारा लिखी गई कुछ कविताएँ और शायरियाँ हैं जो प्रेम, प्रकृति और जीवन के सामान्य दैनिक पहलुओं पर आधारित हैं। कुछ प्रेरक प्रसंग भी हैं। प्यार में पाया गया प्यार, खोया हुआ प्यार और फिर से जगा हुआ प्यार शामिल है। इसी तरह, प्रकृति में प्रकृति का महत्व है और लोग बिना किसी दुष्प्रभाव के प्रकृति का अपने फायदे के लिए दुरुपयोग करते हैं। सामान्य में जीवन के सामान्य पहलू होते हैं जो लोगों और परिवेश के साथ चलते हैं।

पावती (स्वीकृति)

मैं अपने उन दोस्तों को धन्यवाद देना चाहता हूं जिन्होंने मुझे कविताएं और शायरी लिखने के लिए प्रेरित किया, जिसे मैं कहता था और भूल जाता था। मैं Your Quote प्लेटफॉर्म और उसके सभी सदस्यों और समूहों को भी धन्यवाद देना चाहता हूं जिन्होंने मुझे अनुमति दी और मुझे इसके मंच पर अपनी सामग्री लिखने के लिए प्रेरित किया। मैं नोशन प्रेस और उसके सभी सदस्यों को भी धन्यवाद देना चाहता हूं जिन्होंने मुझे अपनी सामग्री को अपने मंच और समय-समय पर मार्गदर्शन के माध्यम से प्रकाशित करने की अनुमति दी, जो उन्होंने मुझे मेरी त्रुटियों को ठीक करने के लिए दिया।

1. इश्क़ के रंग

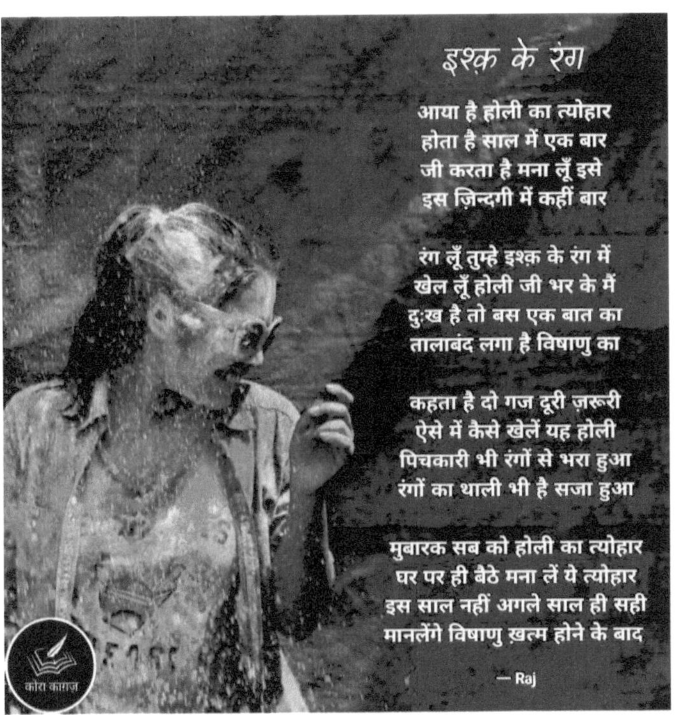

इश्क़ के रंग

आया है होली का त्योहार
होता है साल में एक बार
जी करता है मना लूँ इसे
इस ज़िन्दगी में कहीं बार

रंग लूँ तुम्हे इश्क़ के रंग में
खेल लूँ होली जी भर के मैं
दुःख है तो बस एक बात का
तालाबंद लगा है विषाणु का

कहता है दो गज दूरी ज़रूरी
ऐसे में कैसे खेलें यह होली
पिचकारी भी रंगों से भरा हुआ
रंगों का थाली भी है सजा हुआ

मुबारक सब को होली का त्योहार
घर पर ही बैठे मना लें ये त्योहार
इस साल नहीं अगले साल ही सही
मानलेंगे विषाणु ख़त्म होने के बाद

— Raj

2. हबीब - दोस्त, प्रेमी

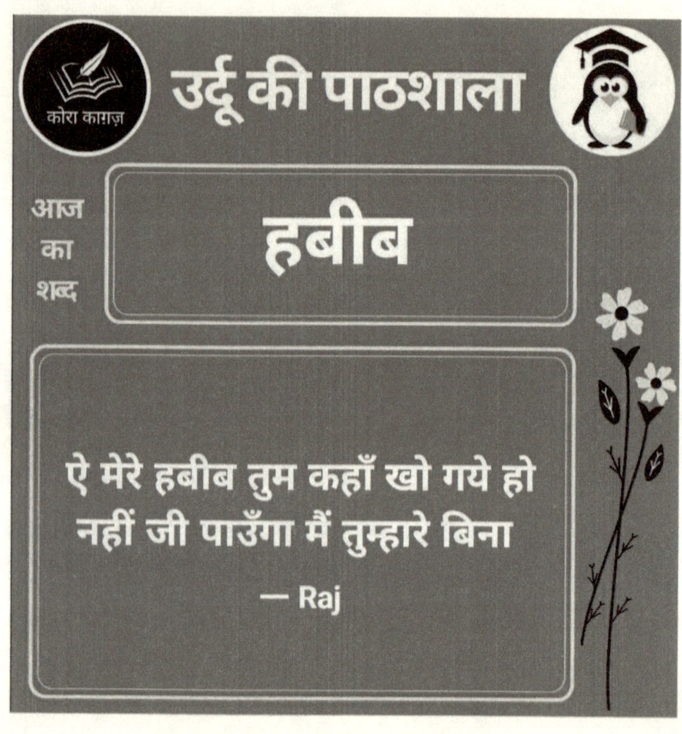

3. अंजाम की फ़िक्र

अंजाम की फ़िक्र

ऐ मुसाफिर राह में चलते चलते
अंजाम की फ़िक्र किया कर
किसी के दु:ख में शामिल होकर
उसको मरहम लगाया कर

कर कर्म अपनी तो अच्छा कर
बुरा कर्म का बुरा नतीजा सहता चल
नेक कर्म का नेक नतीजा लेता चल
हर कर्म का अपना हिसाब देता चल

यह दुनिया है और इस दुनिया में
अपने कर्मों का हिसाब होता है
इसी लिए ही इस धरती को
मृत्यु लोक भी कहते हैं

नहीं चिरंजीवी कोई यहाँ पर
हर एक को एक दिन जाना है
मिट्टी से बना इस जिस्म को
एक दिन मिट्टी में मिल जाना है

– Raj
कोरा काग़ज़

4. अन्धे के आगे रोना

मुहावरे वाली रचना

अन्धविश्वासी और अज्ञानी
जनता है इस दुनिया में
उनके सामने शास्त्र का बात करना
अन्धे के आगे रोने के बराबर है

— Raj

5. ईंट का जवाब पत्थर से

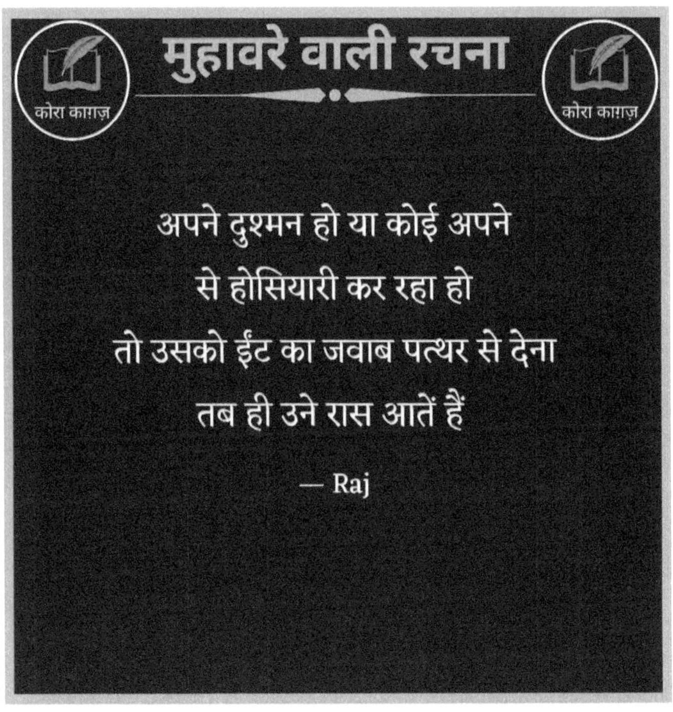

6. अय्यार - जासूस

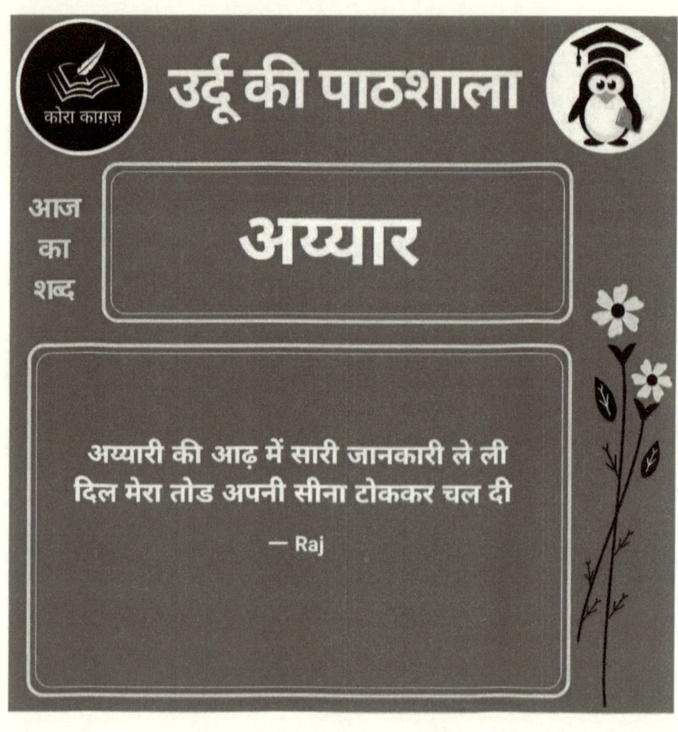

उर्दू की पाठशाला

कोरा काग़ज़

आज का शब्द

अय्यार

अय्यारी की आढ़ में सारी जानकारी ले ली
दिल मेरा तोड अपनी सीना टोककर चल दी

— Raj

7. रब्त - संबंध, रिश्ता

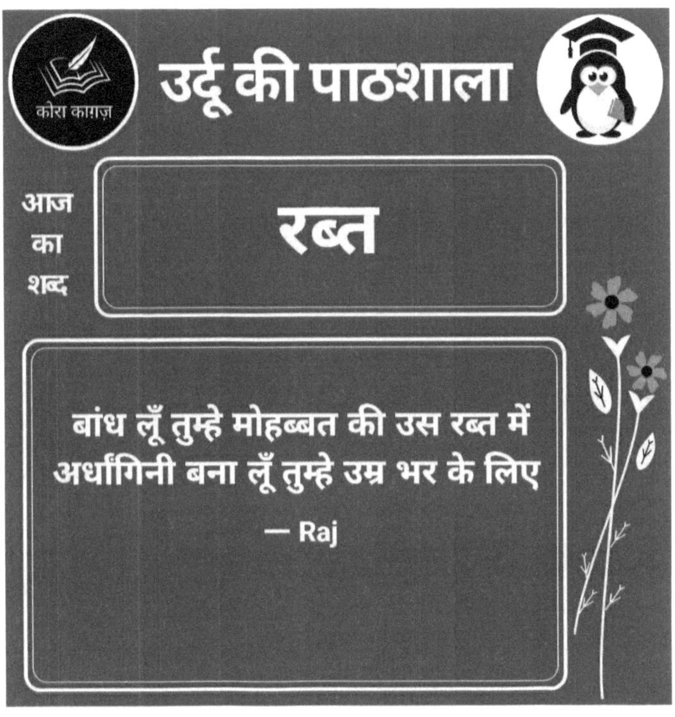

उर्दू की पाठशाला
कोरा कासज़
आज का शब्द
रब्त
बांध लूँ तुम्हे मोहब्बत की उस रब्त में
अर्धांगिनी बना लूँ तुम्हे उम्र भर के लिए
— Raj

8. लंगोटिया यार

लंगोटिया यार

बचपन का तुम साथी मेरे
तुम हो लंगोटिया यार मेरे
साथ न छूटेगा हमारा कभी
यह कहते हैं यहाँ लोग सभी

खूब मजबूत है हमारा दोस्ती
जिसे तोड नहीं सकता कोई
दोस्ती का रिश्ता मेरा तुम्हारा
रहेगा आखरी साँस तक हमारा

— Raj

9. छुपा रुस्तम

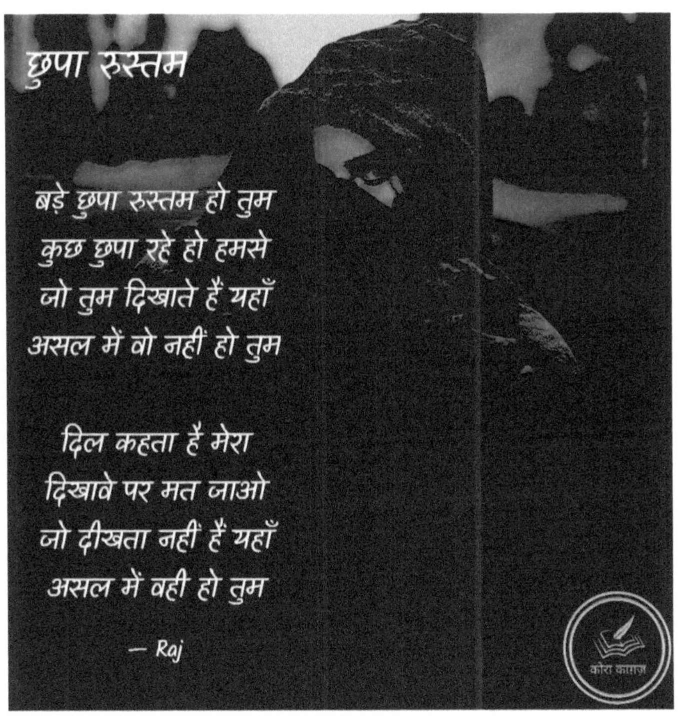

छुपा रुस्तम

बड़े छुपा रुस्तम हो तुम
कुछ छुपा रहे हो हमसे
जो तुम दिखाते हैं यहाँ
असल में वो नहीं हो तुम

दिल कहता है मेरा
दिखावे पर मत जाओ
जो दीखता नहीं है यहाँ
असल में वही हो तुम

— Raj

10. एड़ियाँ घिस गए

मुहावरे वाली रचना
कोरा काग़ज़
कोरा काग़ज़

बेरोजगार रहते रहते थक गया हूँ मैं और
नौकरी ढूँढते ढूँढते एड़ियाँ घिस गए हमारे

आज के ज़माने में नौकरी मिलता कहाँ है जनाब
उसके लिए भी एड़ियाँ घिसने पड़ते हैं

— Raj

11. सन्नाटे में होना

सन्नाटे में होना

बेवफाई की खबर सुनकर
सन्नाटे में हो गया मैं

छोड़ कर चली गयी तुम
बेहोश हो गया मैं

दर्द-ए-दिल बेशुमार हैं
यह कैसे सह लूँ मैं

दिल मेरा दीवाना है
कैसे सँभालु इसे

— Raj

12. चूम लूँ होंठ तेरे

चूम लूँ होंठ तेरे

भर लूँ तुम्हे बांहों में जी भर के प्यार करें
चुम लूँ होठ तेरे दिल की यह मुराद हैं

चुम्बन दिवस है आजाओ हम मना लें
तुम मेरे बांहों में हो ढेर सारा प्यार करें

चाहता हूँ मैं तुम्हे और चाहता रहूँगा मैं
ज़िन्दगी अब कर ली है मैंने तुम्हारे हवाले

— Raj

13. तलवे चाटना

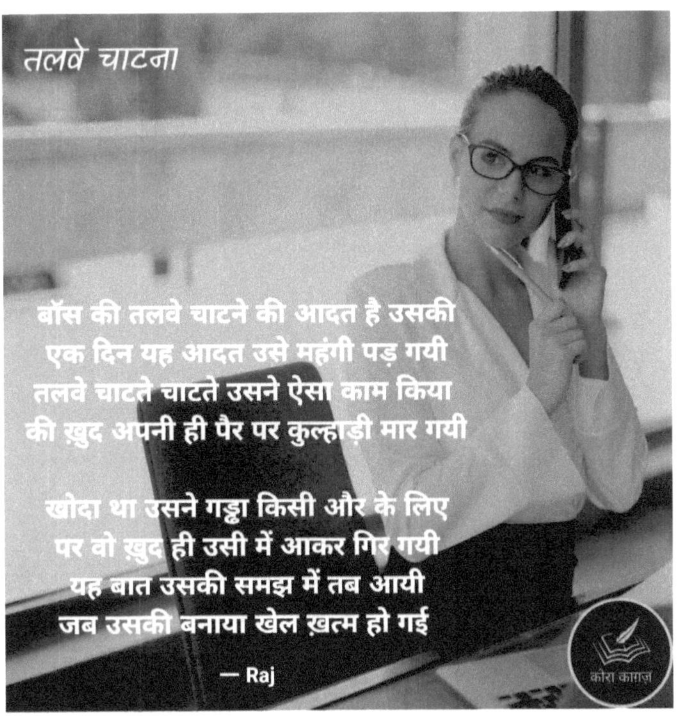

तलवे चाटना

बॉस की तलवे चाटने की आदत है उसकी
एक दिन यह आदत उसे महंगी पड़ गयी
तलवे चाटते चाटते उसने ऐसा काम किया
की ख़ुद अपनी ही पैर पर कुल्हाड़ी मार गयी

खोदा था उसने गड्ढा किसी और के लिए
पर वो ख़ुद ही उसी में आकर गिर गयी
यह बात उसकी समझ में तब आयी
जब उसकी बनाया खेल ख़त्म हो गई

— Raj

14. बुलबुलों सी ज़िन्दगी

15. तेरी एक झलक

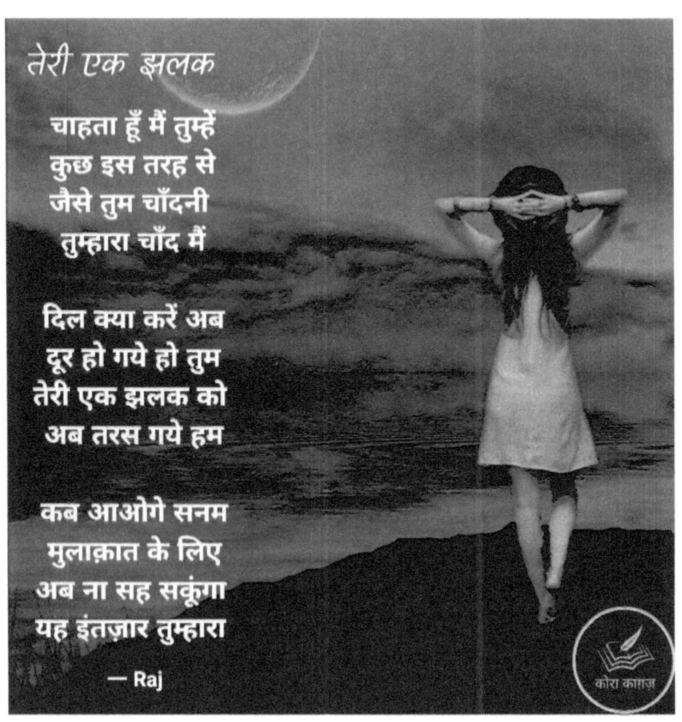

तेरी एक झलक

चाहता हूँ मैं तुम्हें
कुछ इस तरह से
जैसे तुम चाँदनी
तुम्हारा चाँद मैं

दिल क्या करें अब
दूर हो गये हो तुम
तेरी एक झलक को
अब तरस गये हम

कब आओगे सनम
मुलाक़ात के लिए
अब ना सह सकूंगा
यह इंतज़ार तुम्हारा

— Raj

16. चाँद और चाँदनी

चाँद की चाँदनी

चाँद की चाँदनी जैसी हो तुम

दोनों ही प्रेम बरसाता हैं

चाँद अपनी चाँदनी से

रात को रौशनी देता हैं

तुम अपनी प्रेम की दीपक से

मेरे दिल को रौशनी देती है

दर्द सारे भूल जाता हूँ मैं

जब तुम साथ होती हो मेरा

दिल झूम उठता है मेरा

जब तुम करीब होती हो मेरा

— Raj

17. मिठास पहले इश्क़ की

18. चुपके से गले लगा ले

19. मज़बूत से रिश्ते

मज़बूत से रिश्ते

देखा है मैंने कहीं रिश्ते टूटते हुए
टूटकर इस जहाँ में बिखरते हुए

नहीं चाहता यहाँ अपने रिश्ते टूटे
चाहता हूँ मैं एक मज़बूत से रिश्ते

नहीं तोड़ पाये कोई अपना रिश्ता ये
रिश्ता बनाये प्यार की बुनियाद पे

मोहब्बत करता हूँ तुमसे जी जान से
चाहता हूँ ज़िन्दगी बिताये प्यार से

मज़बूत हो जाये अपना रिश्ता ऐसा
न कभी टूट जाए कोई तूफान से वैसा

प्यार किया है प्यार करते रहेंगे सदा
जीवन भर साथ निभायेंगे ये रहा वादा

— Raj

20. तेरी नज़र का कसूर

21. प्यार का तोहफ़ा

प्यार का तोहफ़ा
दिल की बातें दिल ही जाने
दिल के कितने करीब है मेरे

तुमसे कितना प्यार करें हैं
यह बात तो सिर्फ मैं ही जाने

इश्क़ में नज़राने फैशन हैं बने
हर कोई किसी को कुछ तो दिये

कुछ नहीं पास दिल के सिवा
लाया हूँ वो प्यार का तोहफ़ा मैं

दिल रकता हूँ क़दमों में तुम्हारे
इस से बड़ा कोई तोहफ़ा नहीं हैं

– Raj

22. दिल की घबराहट

दिल की घबराहट

दिल की घबराहट किसे सुनाए
कैसे बताऊ उसे उसकी कमी है
अब तन्हा रह नहीं पा रहा हूँ मैं
उसकी यादें बहुत तड़पा रहा है

आएगा वसंत कब मेरी ज़िन्दगी में
यह सोच कर परेशान रहता हूँ मैं
मोहब्बत की बारिश बरसेगा कब
ख़्वाब यह मेरी पूरा हो जाएगा कब

इंतजार कर रहा हूँ बीच चौबारे पर
उम्मीद है उसकी आ जाने की पर
नज़र ना आया वो अब तक मुझें
कब होगा आगमन ना जाने मुझें

– Raj

कोरा कागज़

23. उम्मीद हमसफ़र से

24. महबूब की दास्तां

महबूब की दास्तां

दिन रात जिसके ख्यालों में डूबा रहता है
जिसके बगैर अपना यह जीवन अधूरा है

वो नहीं जीवन में तो कुछ नहीं है जीने में
अर्थहीन लगता है जब साथ नहीं होती हैं

घर की लक्ष्मी है वो जो सब को प्यारी है
ख्याल रखती है वो घर के सब लोगों का

इस जीवन में दिल की रानी है वो मेरे लिए
और क्या कहूँ यह मेरे महबूब की दास्तां है

तारीफ मैं जितनी करूँ उसकी कम लगती है
तारीफ मैं उसकी कैसे करूँ वो लाजवाब हैं

क्या कहूँ और मैं मेरे दिल की नाज़नीन का
वो अनमोल हीरा है जो मोतियों में है बसा

— Raj

25. आग़ोश - गोद, बाहों में

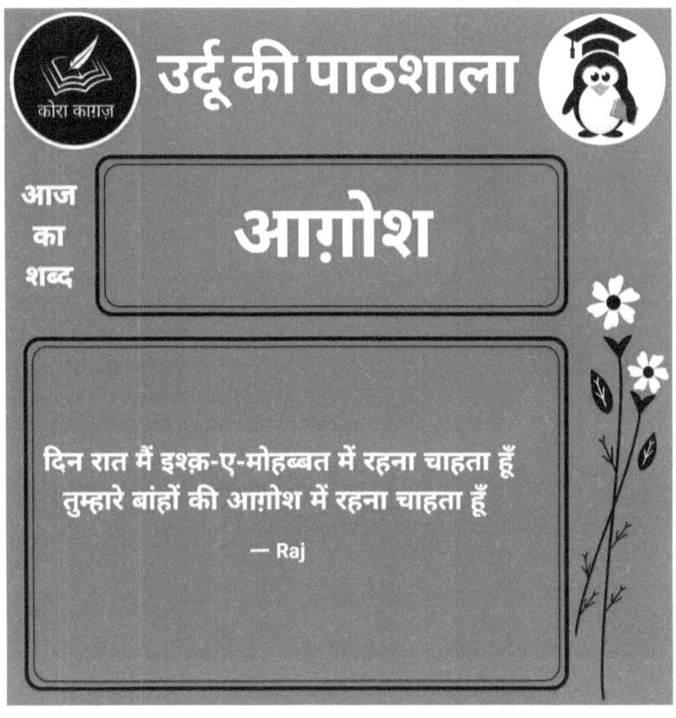

उर्दू की पाठशाला
आज का शब्द
आग़ोश
दिन रात मैं इश्क़-ए-मोहब्बत में रहना चाहता हूँ
तुम्हारे बांहों की आग़ोश में रहना चाहता हूँ
— Raj

26. तेरी मौजूदगी

तेरी मौजूदगी

इस दुनिया में अकेला हूँ मैं
तेरी मौजूदगी का आस है
ना जाने तुम कब आओगी
उम्र बर के लिए ऐ सनम

तेरी मौजूदगी मेरी ज़िन्दगी में
बहुत मायना रकता है सनम
तुम्हारे बिन ज़िन्दगी मेरे बस
यूँ ही ख़त्म हो जायेगा सनम

— Raj

27. आसमान टूट पड़ना

28. एक मयान में दो तलवारें

29. गुलाब की तरह

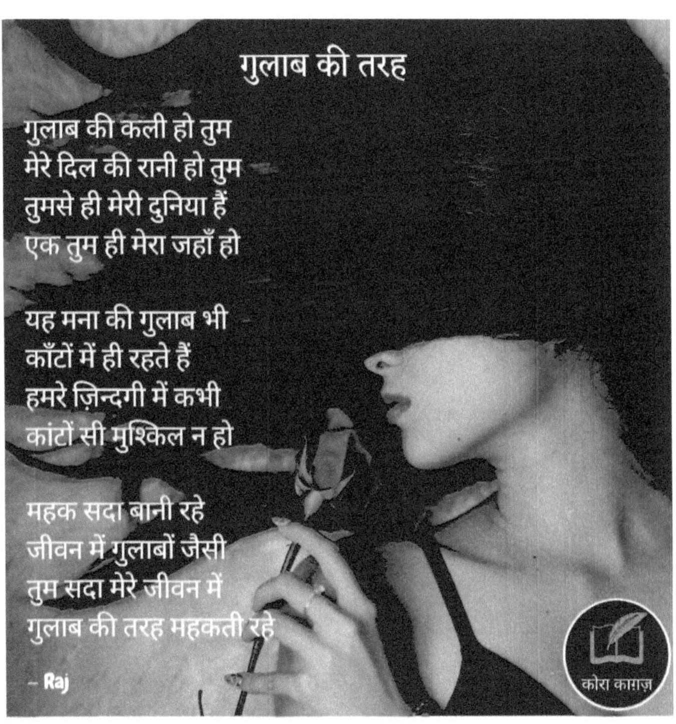

गुलाब की तरह

गुलाब की कली हो तुम
मेरे दिल की रानी हो तुम
तुमसे ही मेरी दुनिया हैं
एक तुम ही मेरा जहाँ हो

यह मना की गुलाब भी
काँटों में ही रहते हैं
हमरे ज़िन्दगी में कभी
कांटों सी मुश्किल न हो

महक सदा बानी रहे
जीवन में गुलाबों जैसी
तुम सदा मेरे जीवन में
गुलाब की तरह महकती रहे

– Raj

कोरा कागज़

30. अंग-अंग फुले न समाना

मुहावरे वाली रचना

हमारा जब दर्शन किया उसने

उसके अंग-अंग फूले न समाया

खुशी के मारे उसने वो कर डाला

जिस की उम्मीद किसी ने नहीं किया

वो इतने खुश थे आकर गले मिली

होश खोकर उसने वो काम कर डाला

लोग भी हैरान थे हम भी हैरान हुए

फिर वो शरमाए और आँखें झुकाये

— Raj

31. आँखों में धूल झोंकना

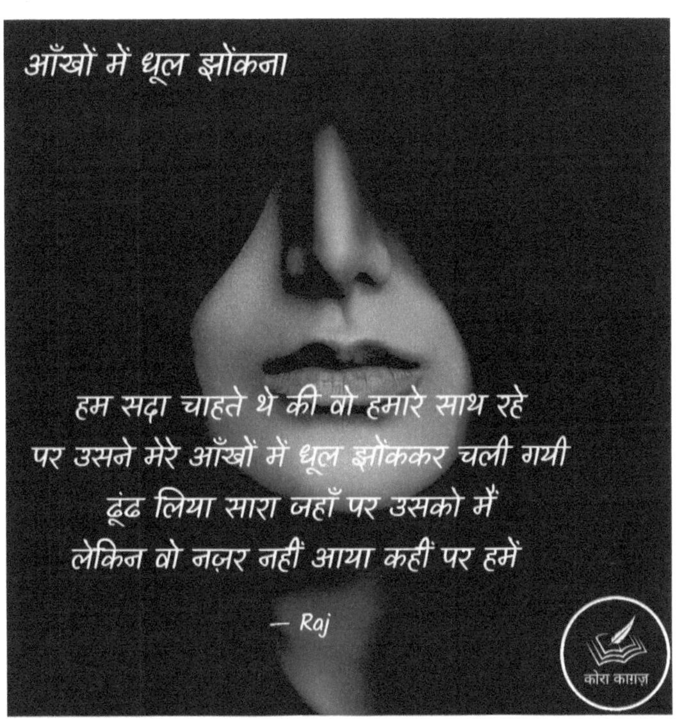

आँखों में धूल झोंकना

हम सदा चाहते थे की वो हमारे साथ रहे
पर उसने मेरे आँखों में धूल झोंककर चली गयी
ढूंढ लिया सारा जहाँ पर उसको मैं
लेकिन वो नज़र नहीं आया कहीं पर हमें

— Raj

कोरा काग़ज़

32. याद की तड़प

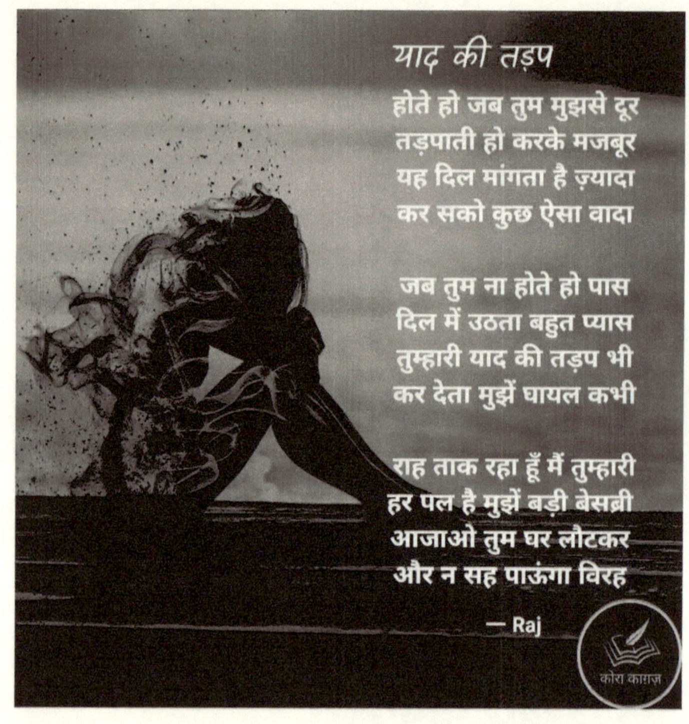

याद की तड़प

होते हो जब तुम मुझसे दूर
तड़पाती हो करके मजबूर
यह दिल मांगता है ज़्यादा
कर सको कुछ ऐसा वादा

जब तुम ना होते हो पास
दिल में उठता बहुत प्यास
तुम्हारी याद की तड़प भी
कर देता मुझें घायल कभी

राह ताक रहा हूँ मैं तुम्हारी
हर पल है मुझें बड़ी बेसब्री
आजाओ तुम घर लौटकर
और न सह पाऊंगा विरह

— Raj

कोरा काग़ज़

33. रुसवाई इश्क़ में

रुसवाई इश्क़ में

होती है अक्सर यहाँ रुसवाई इश्क़ में
देती है बेशुमार दर्द ये रुसवाई प्यार में
दर्द-ए-दिल की हाल यहाँ कोई न जाने
जो गुज़र रहा है दर्द से बस वो ही जाने

गलतफहमी वजह होता है रुसवाई का
कैसे मना लूँ उसे यह सवाल है इश्क़ का
दर्द में जीना पड़ता है अपनी ज़िन्दगी को
भूलना चाहूँ तो भूल नहीं पाते हैं दर्द को

नसीब वाला होता है जीने मोहब्बत मिले
बदनसीब होता है जिसे दर्द-ए-दिल मिले
ज़िन्दगी जी कर भी वो यहाँ जी नहीं पाते
मरना अगर चाहूँ तो वो मर भी नहीं पाते

— Raj

34. ज़र्रा - कण, छोटा टुकड़ा

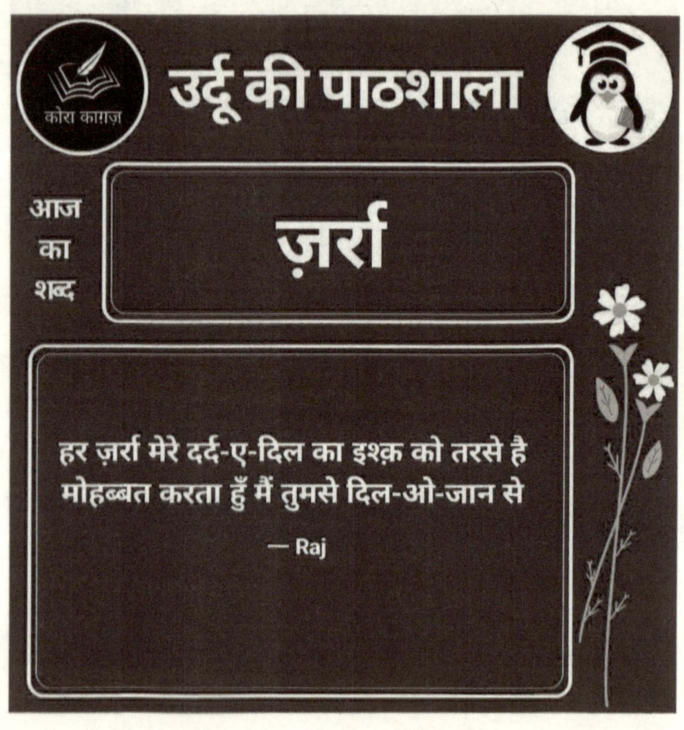

35. आँखों में धुल झोकना

हुआ यूँ की मैं एक बार घूमने गए। घूमते घूमते मैं चौपाटी पौच गए। वहां पर एक आदमी दूसरे आदमी से लड़ते देखा और मुझसे बस एक गलती हुआ की मैं पूछ बैठा की बात क्या है। अब दोनों मेरे तरफ़ बड़े और ऐसा मुझे घेरा जैसे मैंने ही कुछ गलत किया हो. कैसे ना कैसे करके उनके आँखों में धूल झोंककर वहाँ से भाग निकला और अपनी जान छुड़ा लिया

— Raj

36. इंतिशार - चिंता, परेशानी

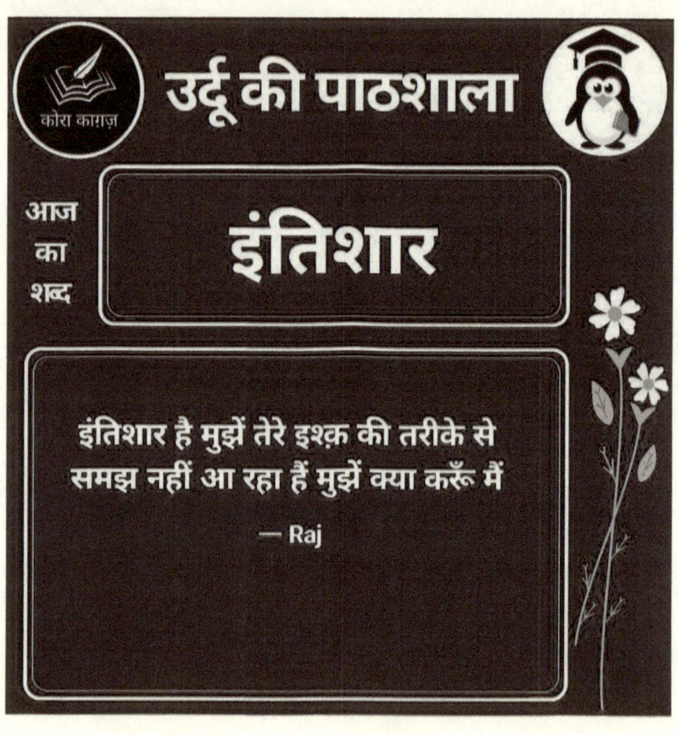

37. इश्क़ - आबाद या बर्बाद

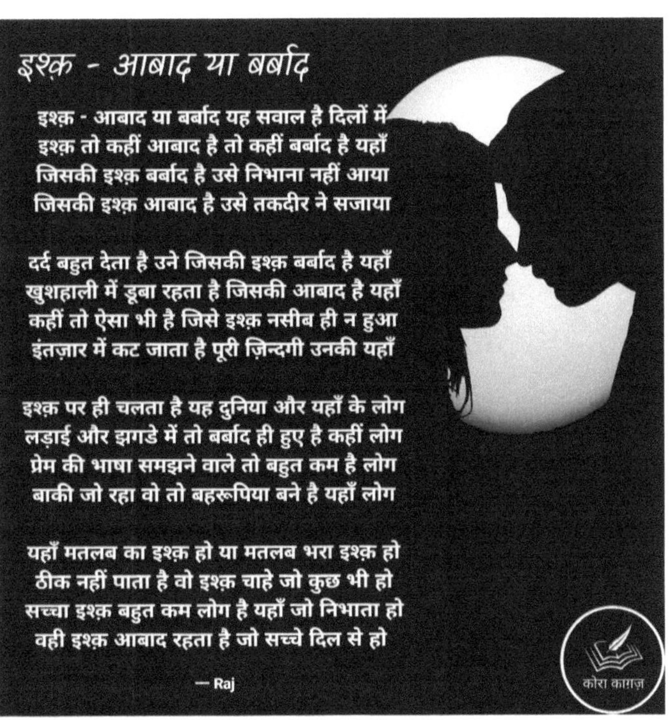

38. इज़हार-ए-इश्क़

इज़हार-ए-इश्क़

इश्क़-ए-मोहब्बत की है तुमसे

इज़हार-ए-इश्क़ चाहता हूँ मैं

ग़र कबूल है मेरी मोहब्बत तुम्हे

इज़हार कर दिल में समा जाओ

— Raj

39. तशवीश - आतुरता, फ़िक्र

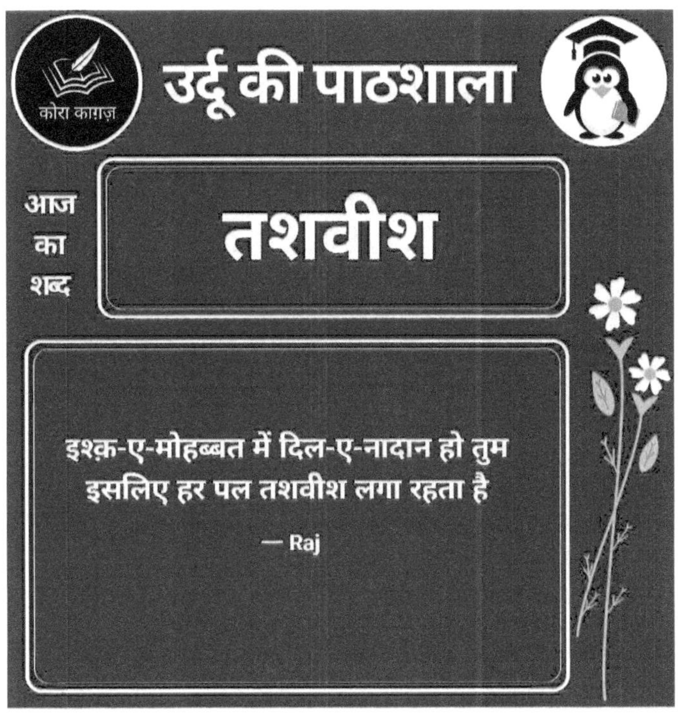

40. इश्क़ में मदहोश

इश्क़ में मदहोश

इश्क़-ए-मोहब्बत में
जो कुछ भी होता है
कितना हसीन है वो
लम्हा मोहब्बत का

इश्क़ किया था मैंने
दिल-ओ-जान से
तेरी इश्क़ में मदहोश
हम तो हो गए हैं

दिल मेरा है बेकाबू
कुछ भी न समझें हैं
एक नशा छा गया हैं
इश्क़-ए-मोहब्बत में

दिल-ओ-जान से चाहूँ
दिन-ओ-रात तुम्हें यूँ मैं
नींद नहीं आता है मुझें
चैन भी खो सा गया हैं

— Raj

41. तख़ल्लुस - उपनाम

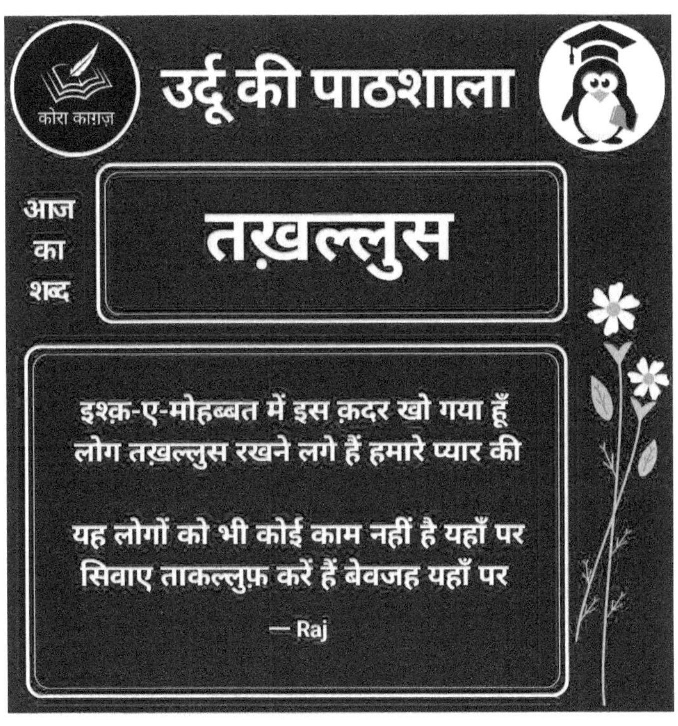

42. इश्क़ की लुका-छुपी

वो इश्क़ की लुका-छुपी

इश्क़ के इस खेल में
मजेदार वो चीज है
जिसे हम लोग कहते है
इश्क़ की लुका-छुपी

तुम्हारा देर से आना
हमारा नाराज़ होना
वो छुपकर मिलना
सब याद आ रहा है

कितना हसीन पल था
वो इश्क़ की लुका-छुपी
लोगों से नज़रें चुराना
चुपचाप हमारा मिलना

पकडे जाने का डर सताना
और जल्दी घर लौटना
फिर मुलाक़ात करना
वही नज़रें चुराकर आना

– Raj

43. दर्द की लहर

दर्द की लहर

इश्क़ की इस दुनिया में
मोहब्बत लोग करते हैं
जितना खुशी मिलता हैं
उतना ही दर्द भी देता हैं

इश्क़ मैंने किया था कभी
उसने दगा देकर छोड़ दिए
दर्द की लहर उठा दिल में
संभल नहीं पाया अब तक

इसमें बेशुमार दर्द होता है
जिसे बयान नहीं कर पाऊ
दिल चूर चूर हो जाता हैं
जैसे कोई भयानक तूफान

दिमाग़ काम नहीं करता हैं
खाना पीना छूट जाता हैं
एकदम तन्हा हो जाता है
कोई शोर बर्दास्त नहीं होता

— Raj

44. पैरवी तेरे इश्क़ की

45. वफ़ा-शिआर - वफ़ादार

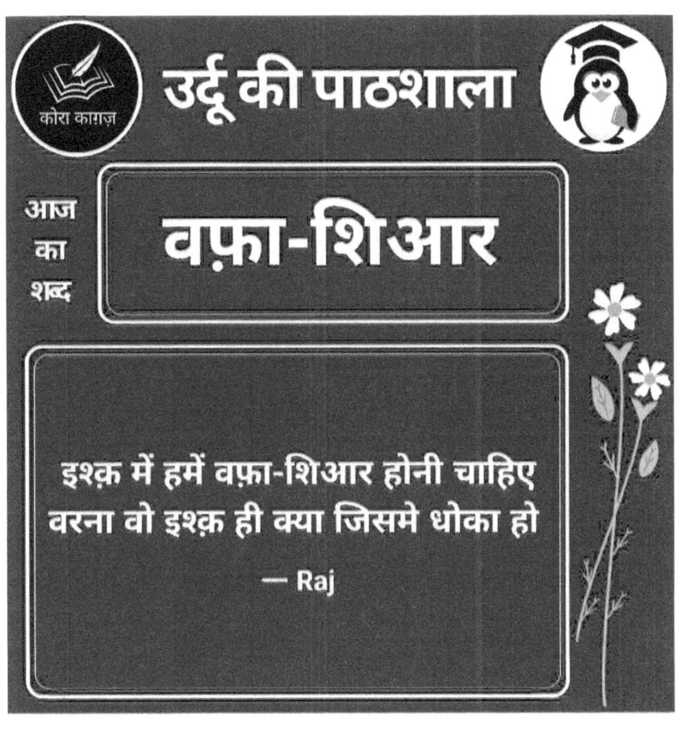

46. कुछ क़समें झूठी सी

कुछ क़समें झूठी सी

इश्क़ में हम न जाने क्या क्या सहे हैं
वो क़समें वो वादे जो किये थे हम ने

निभाना कोई मुश्किल नहीं था मगर
तुम न तोड़ दिये वो सारे क़समें अगर

यूँ लगने लगा अब हमें कुछ इस तरह
कुछ क़समें झूठी सी खायी थी तुमने

क़समें जो खाये सारे अधूरे रह गये
न तुम हो बस तन्हा ही तन्हा रह गये

कैसे यकीन करु अब क़समों पर
जब छोड़ ही जाना था तन्हा कर

दिल दिया था मैंने अपना समझकर
छोड़ गयी मुझें तुम अजनबी कर

— Raj

47. आँच न आने देना

आँच न आने देना

इश्क़ में हम तुम्हे क्या बताये
तुम्हे कभी आंच न आने देंगे
सदा यूँ ही बने तुम रहना मेरा
कभी आँसू भी न बहने देंगे

मैं मोहब्बत करता हूँ तुमसे
और करता रहूँगा जी जान से
यह दिल दिया है मैंने तुमको
चाहूंगा तुम्हे अपने प्राण से

— Raj

48. इज़हार

इज़हार
इज़हार-ए-मोहब्बत की है मैंने तुमसे सनम
अब तुम्हारी कबूल-ए-इश्क़ का इंतज़ार है
— Raj
कोरा कागज़

49. आमना-सामना

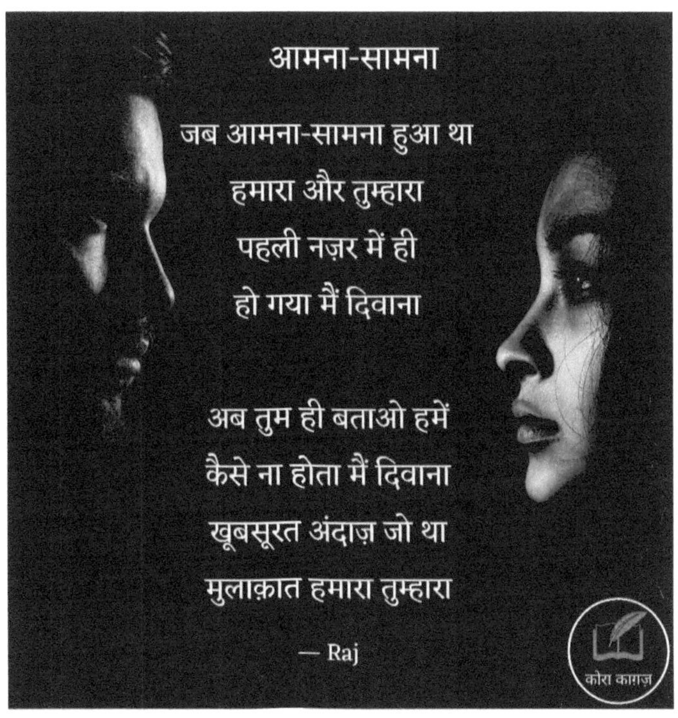

आमना-सामना

जब आमना-सामना हुआ था
हमारा और तुम्हारा
पहली नज़र में ही
हो गया मैं दिवाना

अब तुम ही बताओ हमें
कैसे ना होता मैं दिवाना
खूबसूरत अंदाज़ जो था
मुलाक़ात हमारा तुम्हारा

— Raj

कोरा काग़ज़

50. लातों के भुत बातों से

मुहावरे वाली रचना

जब मैंने मेरे एक परम मित्र को समझाया की
यह कार्य ऐसे नहीं करना हैं। ऐसे अगर करोगे
तो बहुत बुरा होगा तो उसने नहीं सुना और उसका
हाल लातों के भूत बातों से नहीं मानता जैसा था

— Raj

51. तेरी बाहों में रहना है

52. ख़्वाबों के पहरेदार

मेरे ख़्वाबों के पहरेदार

ख़्वाब देखता है हर इंसान कहीं बार
कुछ बनना चाहता है वो यहाँ हर बार
कुछ सपने मैंने भी देखा हैं कहीं बार
ख़ुद करता हैं मेरे ख़्वाबों के पहरेदार

मेहनत से सींचो अपनी तक़दीर यहाँ
कर लो मुकम्मल अपने हर ख़्वाब यहाँ
ख़्वाबों से ही बनता है हर इंसान यहाँ
मेहनत से होता है कुछ ख़्वाब पूरा यहाँ

हर ख़्वाब मुकम्मल होना जरुरी नहीं है
कोशिश करना भी कभी छोड़ना नहीं है
कोशिश से ही बनता है सब काम यहाँ
मेहनत कर कोशिश जरूर कर लेना है

फिर भी कुछ ख़्वाब अधूरा रह जाता है
ख़्वाब है जो हर कोई पूरा नहीं होता है
ख़्वाब पूरा न हुआ तो निराश न होना है
मेहनत की दम पर आगे बढ़ते जाना है

— Raj

53. ख़्वाबों के पंख

ख़्वाबों के पंख

ख़्वाबों के पंख लगाकर
ऊंच आसमान में उड़ना है
नीले आसमान में उड़कर
उन बुलंदियों को चुना है
देश विदेश में जाकर मैं
अपना घोंसला बना लूँ
गर्दिश के तारों के साथ
आँख मिचौली खेल लूँ
आज़ाद गगन में आज़ादी से
उड़ता रहना मैं चाहता हूँ
सूरज और चाँद के करीब मैं
जाकर बात करना चाहता हूँ
— Raj
कोरा कागज़

54. ख़यालों की दुनिया

ख़यालों की दुनिया

ख़्यालों की दुनिया सजाए है हम
इस दुनिया में आराम से रहते हैं हम
इश्क़-ए-मोहब्बत करते है हम
इंतज़ार-ए-फ़स्ल-ए-गुल करते हैं हम

— Raj

55. मेरी मासूम ख़्वाहिश

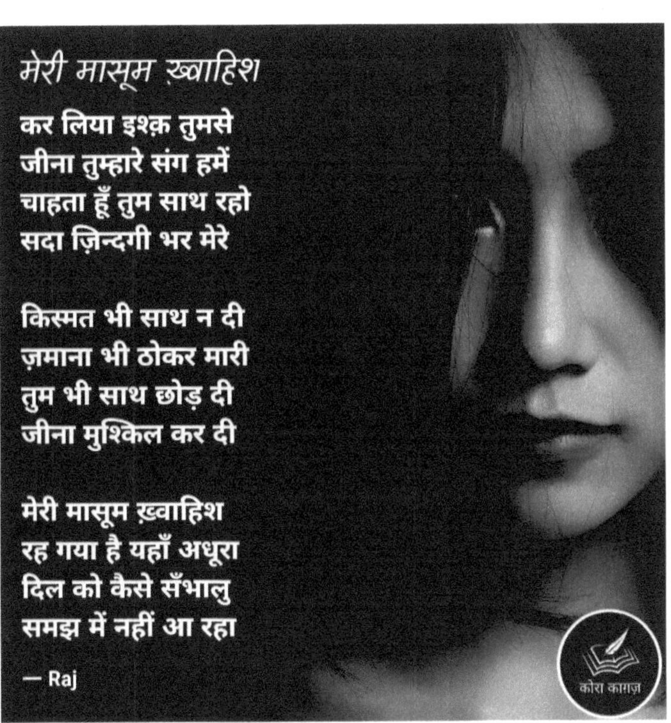

56. मुँह में पानी आना

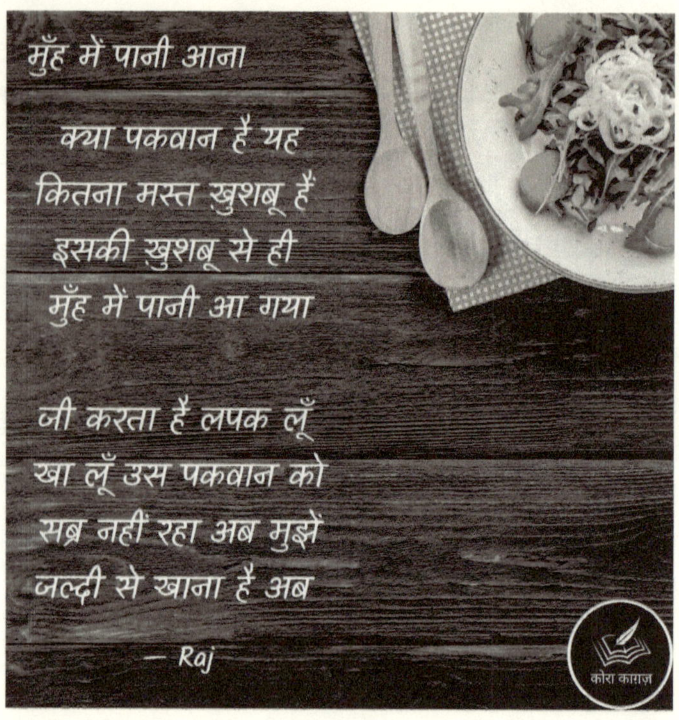

मुँह में पानी आना

क्या पकवान है यह
कितना मस्त खुशबू है
इसकी खुशबू से ही
मुँह में पानी आ गया

जी करता है लपक लूँ
खा लूँ उस पकवान को
सब्र नहीं रहा अब मुझे
जल्दी से खाना है अब

— Raj

57. भैंस के आगे बीन बजाना

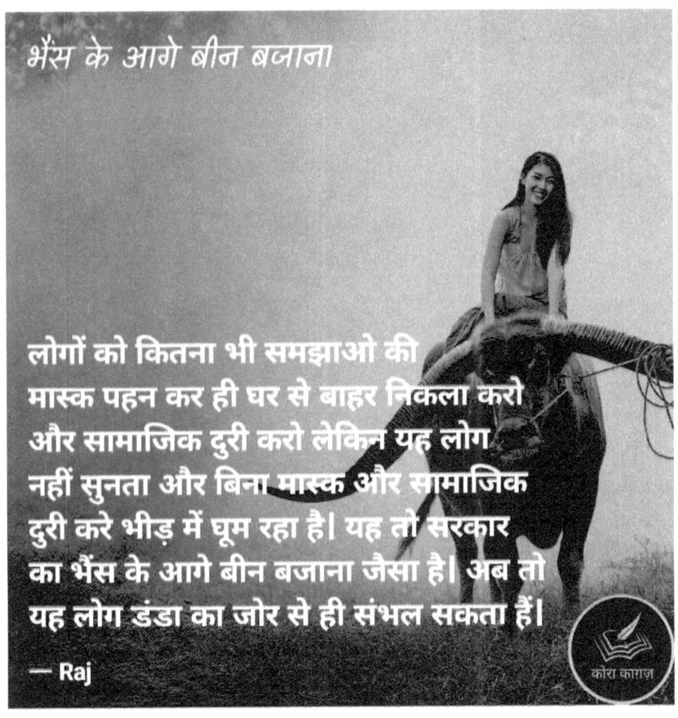

58. गिर्दाब - भँवर

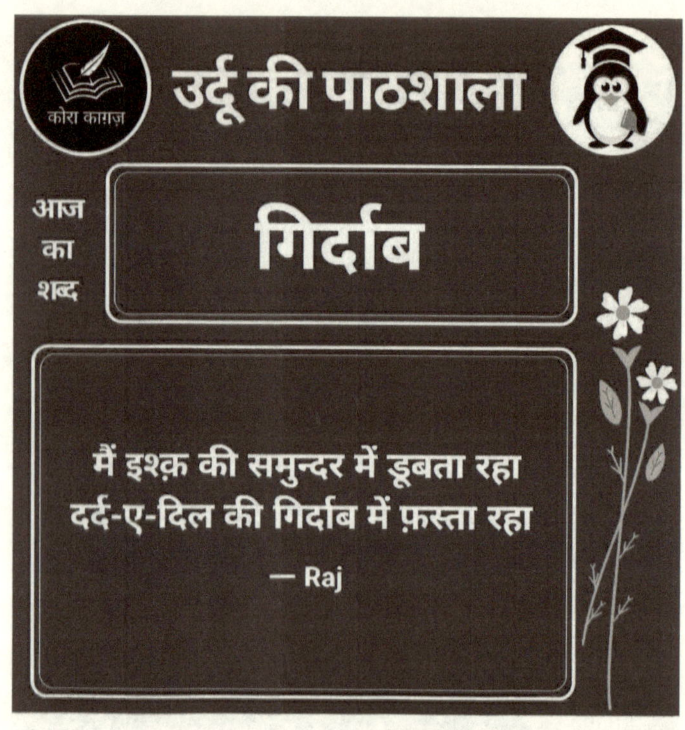
उर्दू की पाठशाला
कोरा काग़ज़
आज का शब्द
गिर्दाब
मैं इश्क़ की समुन्दर में डूबता रहा
दर्द-ए-दिल की गिर्दाब में फ़स्ता रहा
— Raj

59. ख़याली पुलाव पकाना

60. मौसम इश्क़ का

मौसम इश्क़ का

मौसम है बड़ा सुहाना
लगता है सब से प्यारा
यह है ठण्ड का महीना
है यह मौसम इश्क़ का

तुम्हे हम गले से लगा लूँ
थोड़ा सा ठण्ड भगा लूँ
जिस्म की यह गर्माहट
ये माहौल गर्म कर लूँ

तुम भी हो बड़ी प्यारी
आजाओ प्यार कर लूँ
यह है मौसम इश्क़ का
जम कर इश्क़ कर लूँ

— Raj

61. ज़िन्दगी बन गए हो तुम

62. अंगूठी का नगीना

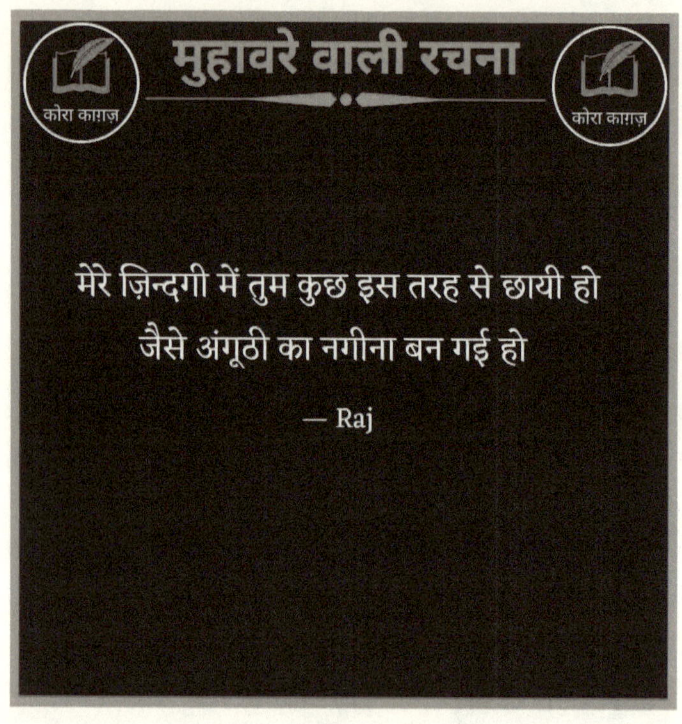

मुहावरे वाली रचना
कोरा काग़ज़
कोरा काग़ज़
मेरे ज़िन्दगी में तुम कुछ इस तरह से छायी हो
जैसे अंगूठी का नगीना बन गई हो
— Raj

63. तेरे जिस्म की महक

64. साजन मेरा उस पार

65. ख़िज़ाँ - पतझड़, फाल्गुन

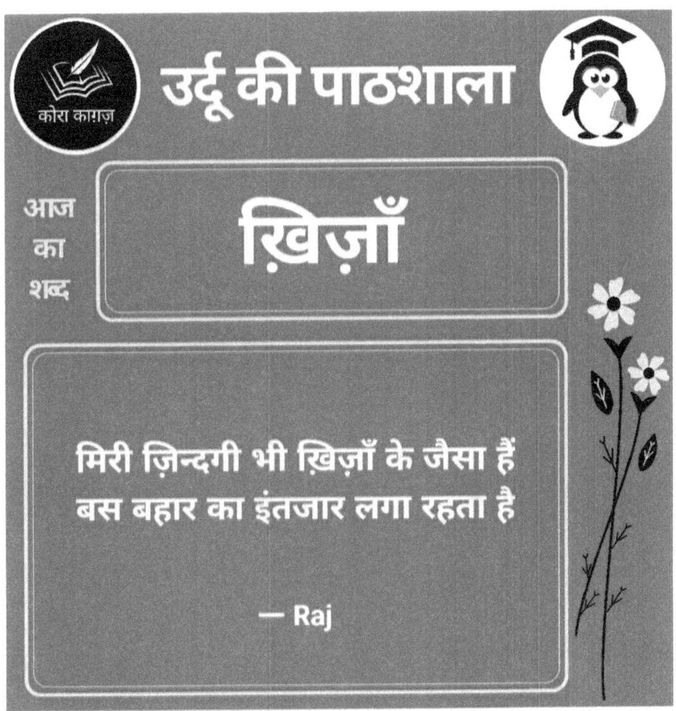

66. मोहब्बत - तड़प या सुकून

67. ख़याबाँ - फूलों की सेज

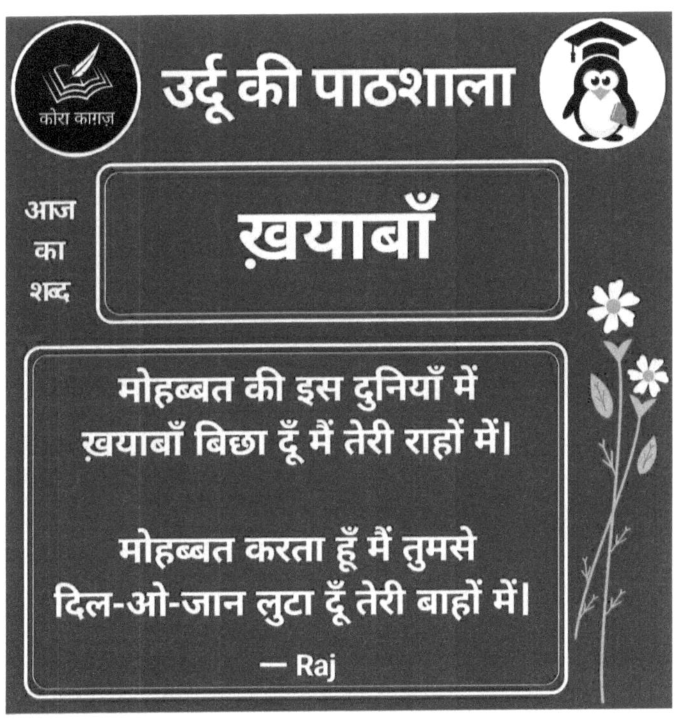
उर्दू की पाठशाला
आज का शब्द
ख़याबाँ
मोहब्बत की इस दुनियाँ में
ख़याबाँ बिछा दूँ मैं तेरी राहों में।

मोहब्बत करता हूँ मैं तुमसे
दिल-ओ-जान लुटा दूँ तेरी बाहों में।
— Raj

68. हबाब - बुलबुला

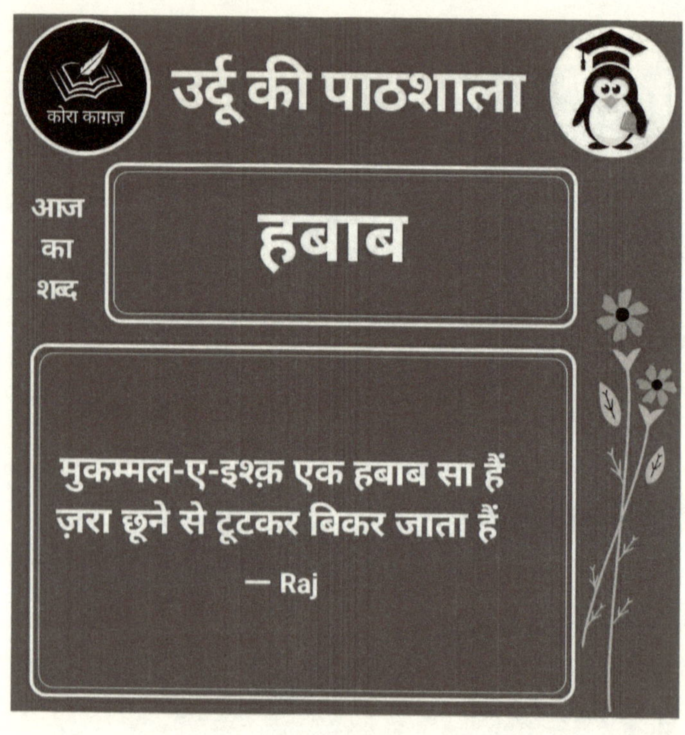
उर्दू की पाठशाला
कोरा काग़ज़
आज का शब्द
हबाब
मुकम्मल-ए-इश्क़ एक हबाब सा हैं
ज़रा छूने से टूटकर बिकर जाता हैं
— Raj

69. नानी याद आ जाना

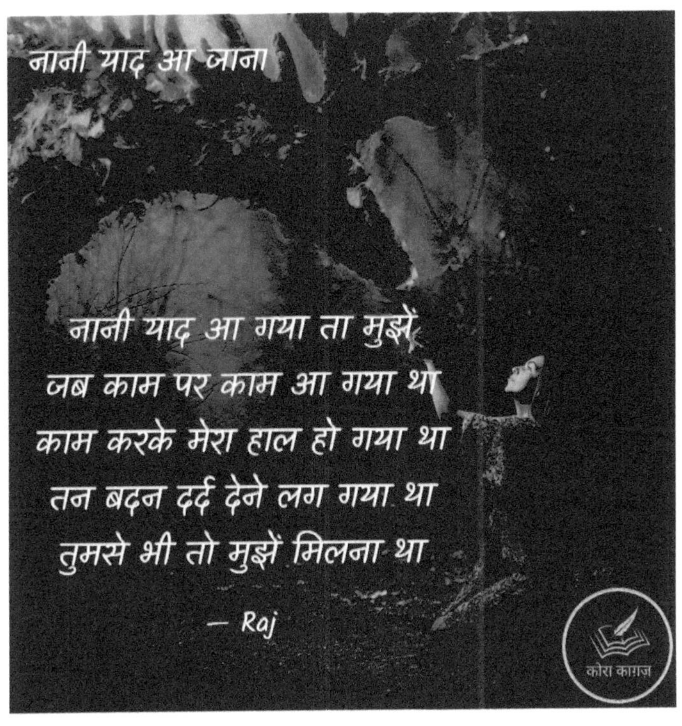

नानी याद आ जाना

नानी याद आ गया ता मुझें
जब काम पर काम आ गया था
काम करके मेरा हाल हो गया था
तन बदन दर्द देने लग गया था
तुमसे भी तो मुझें मिलना था

— Raj

70. नासमझी का परिणाम

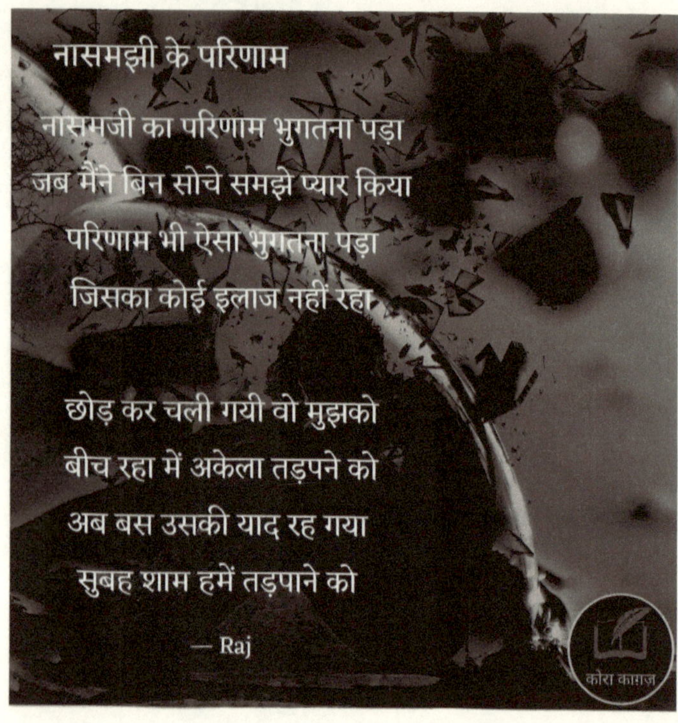

71. नफ़स - साँस, पल, क्षण

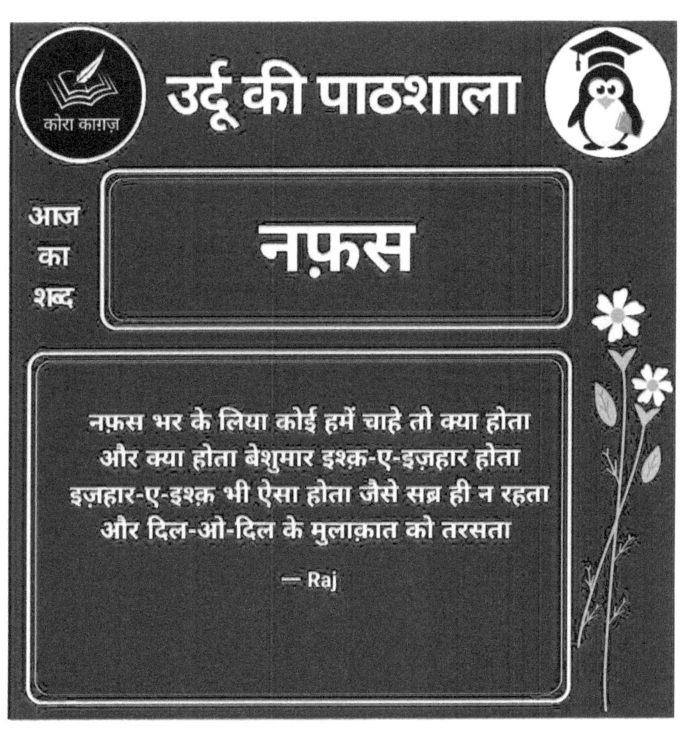

72. अलामत - पहचान, निशानी

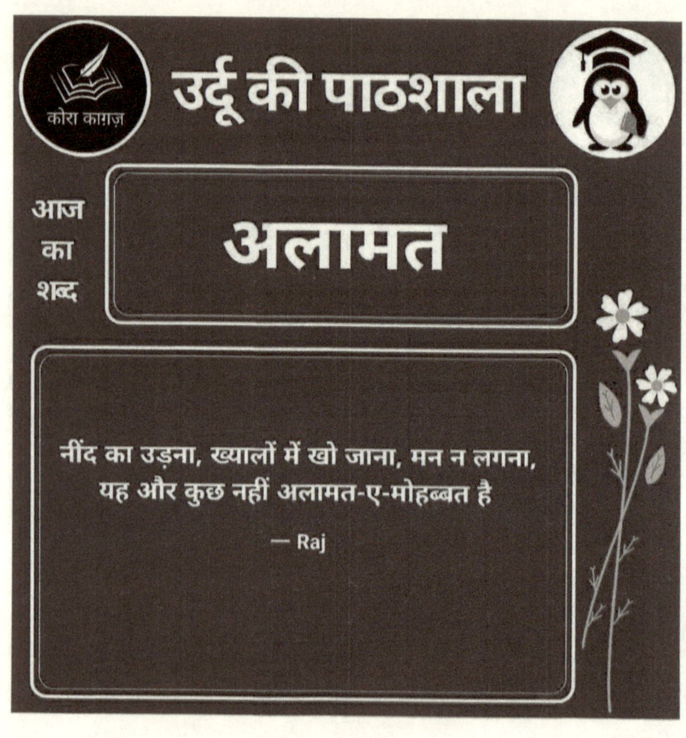

73. आँखों का तारा

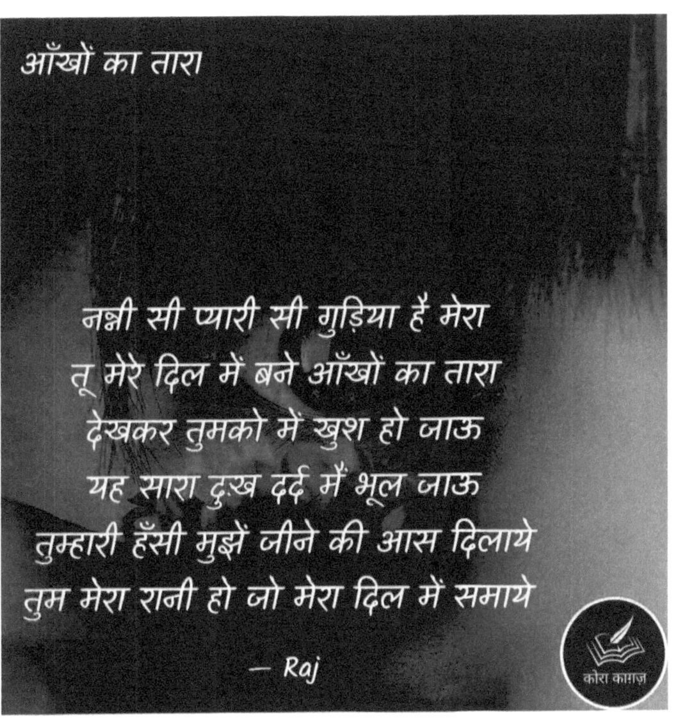

आँखों का तारा

नन्नी सी प्यारी सी गुड़िया है मेरा
तू मेरे दिल में बने आँखों का तारा
देखकर तुमको में खुश हो जाऊ
यह सारा दुख दर्द मैं भूल जाऊ
तुम्हारी हँसी मुझें जीने की आस दिलाये
तुम मेरा रानी हो जो मेरा दिल में समाये

— Raj

74. नज़रों की तेज़ी

नज़रों की तेज़ी

नज़रों की तेज़ी तुम्हारा
हमें घायल कर गए
तीर ए नज़र तुम्हारा
हम मदहोश हो गए
यह कातिल नज़र तुम्हारा
हमें खात्लेआम कर गए
— Raj

75. पहली नज़र का प्यार

76. दिल मोम का

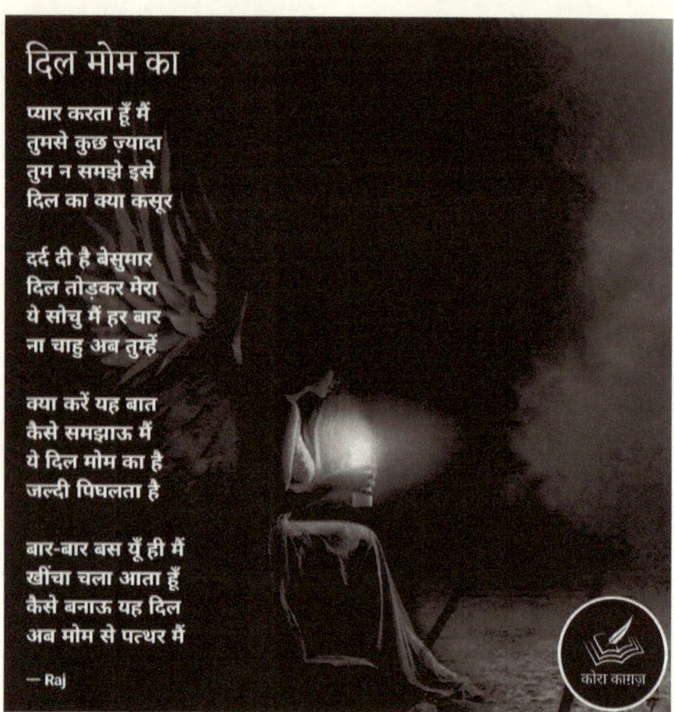

दिल मोम का

प्यार करता हूँ मैं
तुमसे कुछ ज़्यादा
तुम न समझे इसे
दिल का क्या कसूर

दर्द दी है बेसुमार
दिल तोड़कर मेरा
ये सोचु मैं हर बार
ना चाहु अब तुम्हें

क्या करें यह बात
कैसे समझाऊ मैं
ये दिल मोम का है
जल्दी पिघलता है

बार-बार बस यूँ ही मैं
खींचा चला आता हूँ
कैसे बनाऊ यह दिल
अब मोम से पत्थर मैं

— Raj

कोरा काग़ज़

77. मंज़िल क़रीब है

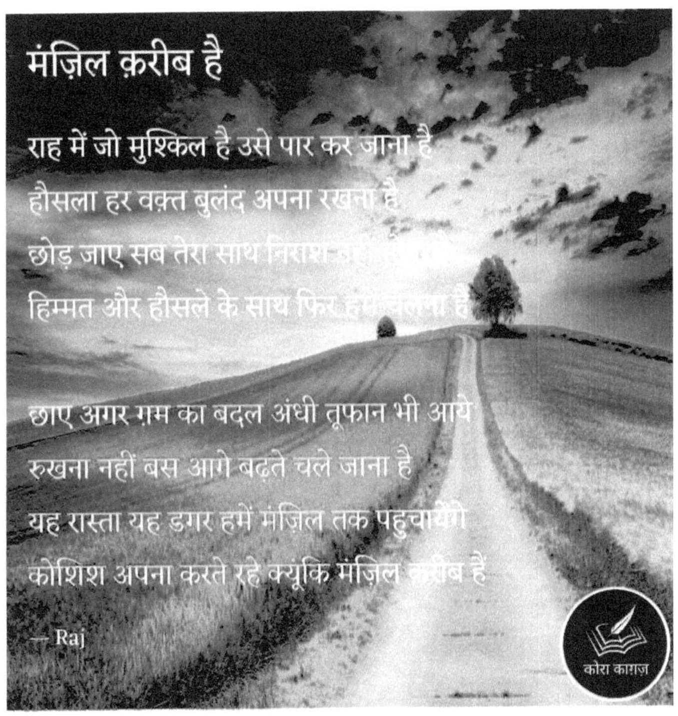

78. संतुलन रिश्तों का

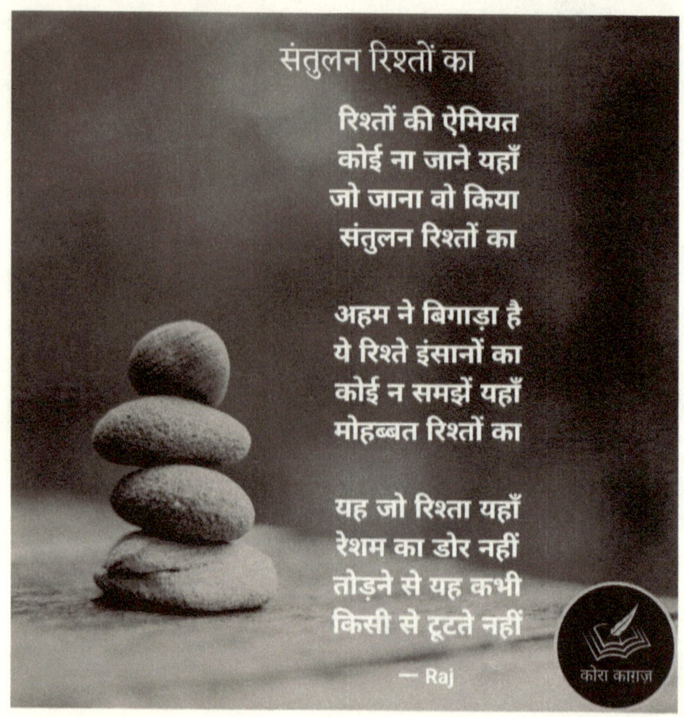

संतुलन रिश्तों का

रिश्तों की ऐमियत
कोई ना जाने यहाँ
जो जाना वो किया
संतुलन रिश्तों का

अहम ने बिगाड़ा है
ये रिश्ते इंसानों का
कोई न समझें यहाँ
मोहब्बत रिश्तों का

यह जो रिश्ता यहाँ
रेशम का डोर नहीं
तोड़ने से यह कभी
किसी से टूटते नहीं

— Raj
कोरा काग़ज़

79. रुके रुके से क़दम

रुके रुके से क़दम
रुके रुके से कदम यह हमारे
नन्ना सा प्यारा सा पैर हमारे
रास्ते सारे है काँटों से भरा
कहीं पैरों में चुभ न जाये ज़रा

संभाल कर रखते है हम कदम
चाँद को छूना है हमें एकदम
सितारों से भी करनी है बात
पाना है हमें देर सारे सौगात

रास्ते भी है बहुत डरावनी
सैतान छुपे न हो गली गली
आँखे लाल और होंठ खून भरी
कहीं नोच न डाले हमें वो गली

— Raj
कोरा काग़ज़

80. अक्ल के घोड़े दौड़ना

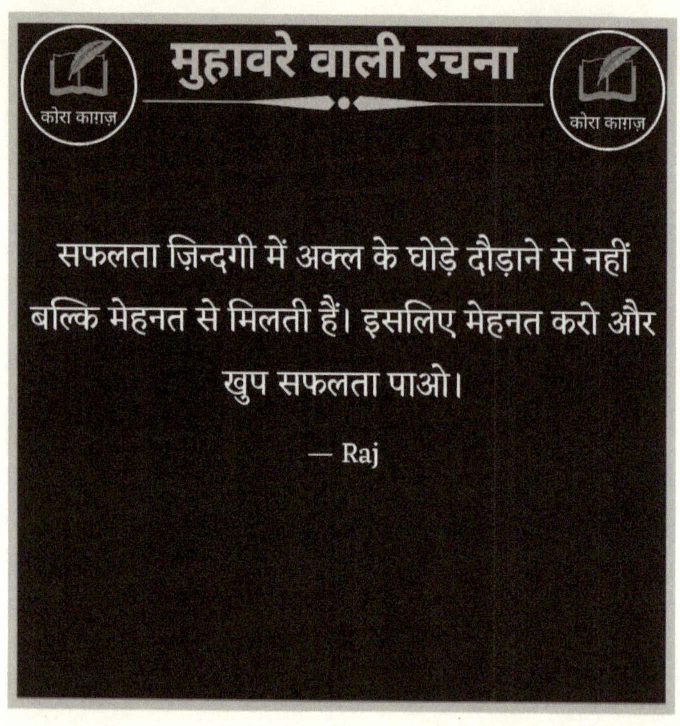

81. रास्ता वफ़ा का

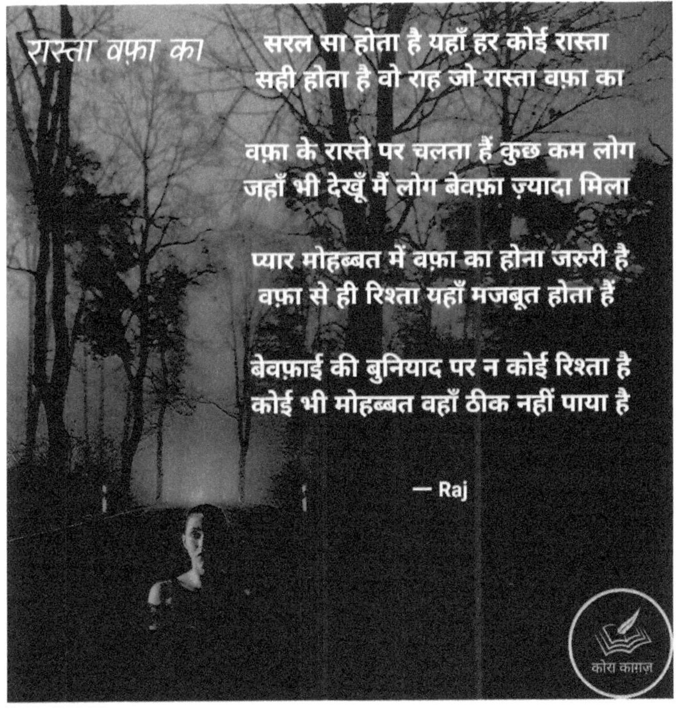
रास्ता वफ़ा का

सरल सा होता है यहाँ हर कोई रास्ता
सही होता है वो राह जो रास्ता वफ़ा का

वफ़ा के रास्ते पर चलता हैं कुछ कम लोग
जहाँ भी देखूँ मैं लोग बेवफ़ा ज़्यादा मिला

प्यार मोहब्बत में वफ़ा का होना जरूरी है
वफ़ा से ही रिश्ता यहाँ मजबूत होता हैं

बेवफ़ाई की बुनियाद पर न कोई रिश्ता है
कोई भी मोहब्बत वहाँ ठीक नहीं पाया है

— Raj

82. तौहीन - बेइज़्ज़ती, अपमान

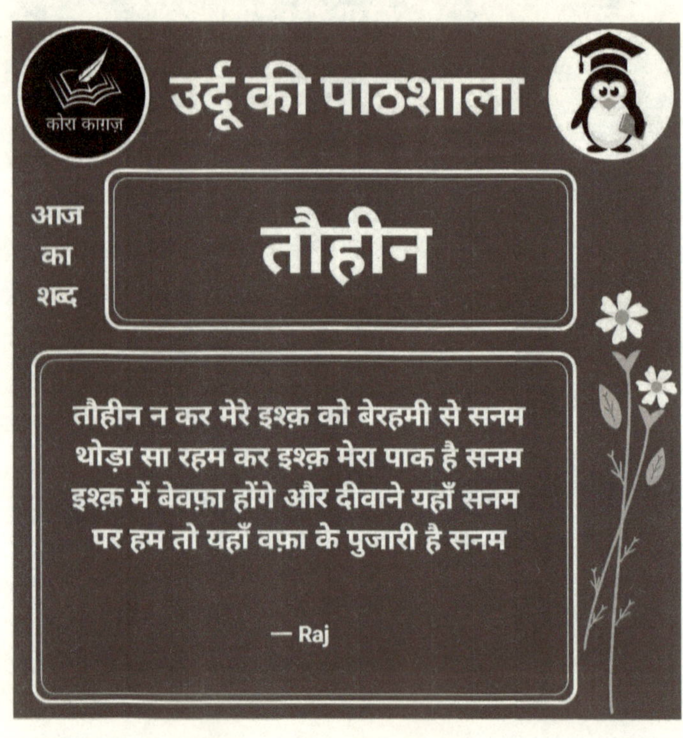

83. शनाख़्त - पहचान

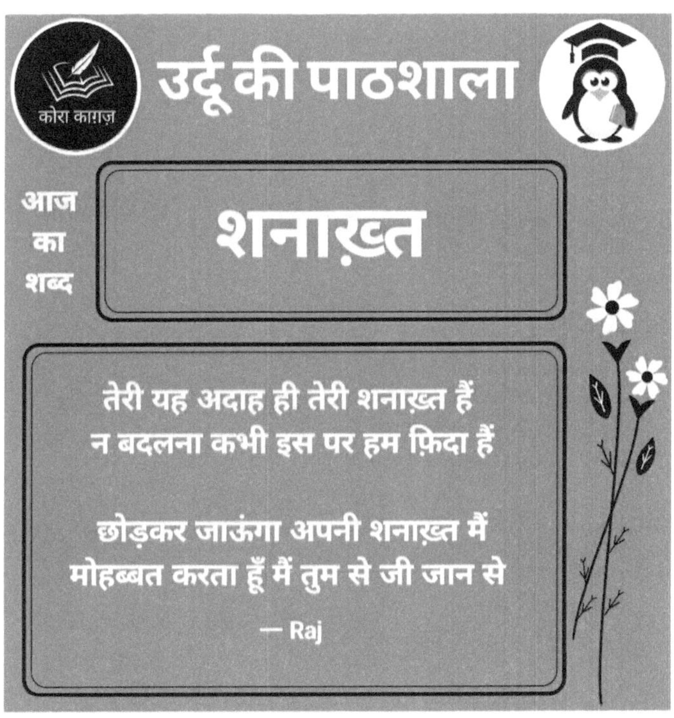
उर्दू की पाठशाला
आज का शब्द
शनाख़्त
तेरी यह अदाह ही तेरी शनाख़्त हैं
न बदलना कभी इस पर हम फ़िदा हैं

छोड़कर जाऊंगा अपनी शनाख़्त मैं
मोहब्बत करता हूँ मैं तुम से जी जान से
— Raj

84. अंग-अंग मुस्कुराना

85. ज़ियाँ - हानि, अनिष्ट

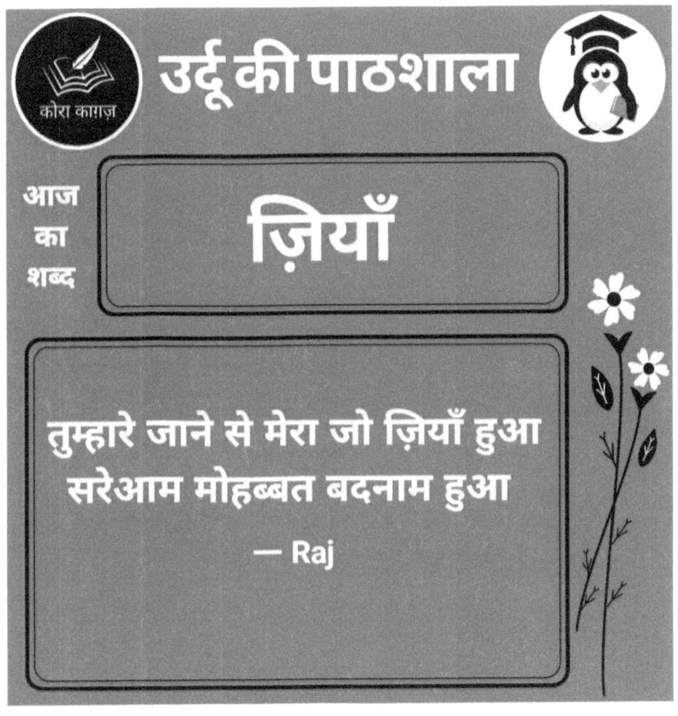
उर्दू की पाठशाला
कोरा काग़ज़
आज का शब्द
ज़ियाँ
तुम्हारे जाने से मेरा जो ज़ियाँ हुआ
सरेआम मोहब्बत बदनाम हुआ
— Raj

86. बोसा - चुम्मा, चुंबन

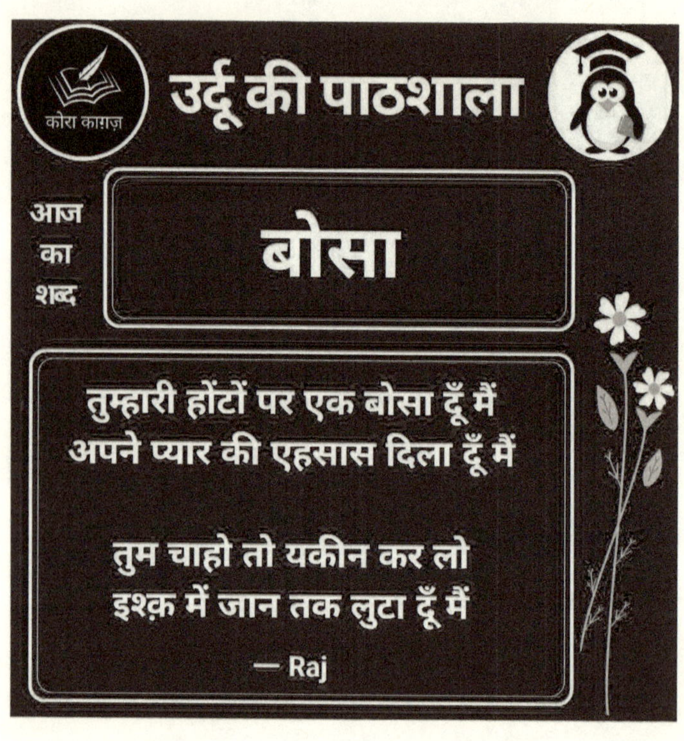
उर्दू की पाठशाला
कोरा काग़ज़
आज का शब्द
बोसा
तुम्हारी होंटों पर एक बोसा दूँ मैं
अपने प्यार की एहसास दिला दूँ मैं

तुम चाहो तो यकीन कर लो
इश्क़ में जान तक लुटा दूँ मैं
— Raj

87. आँखें पथरा जाना

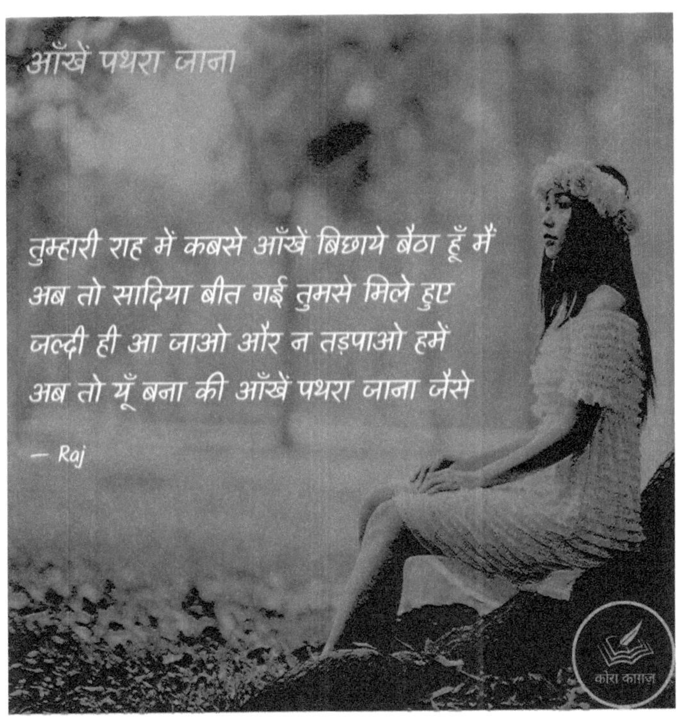

आँखें पथरा जाना

तुम्हारी राह में कबसे आँखें बिछाये बैठा हूँ मैं
अब तो सादिया बीत गई तुमसे मिले हुए
जल्दी ही आ जाओ और न तड़पाओ हमें
अब तो यूँ बना की आँखें पथरा जाना जैसे

— Raj

88. दिल-नवाज़ी - मेहरबानी

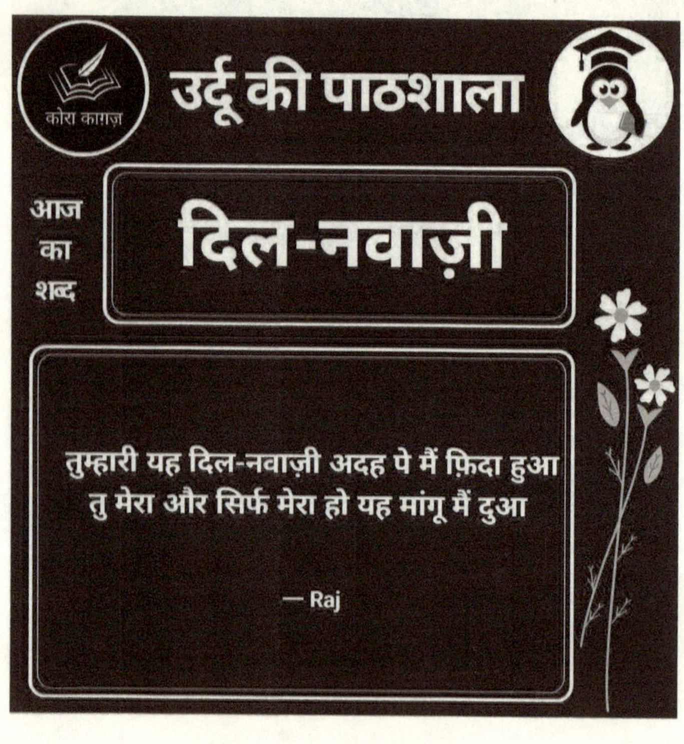

89. काविश - चिन्ता, फ़िक्र

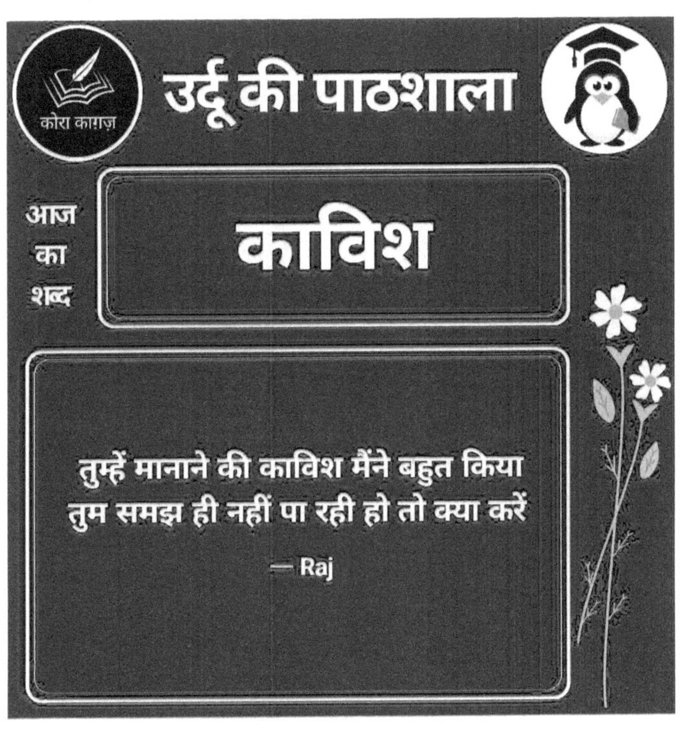

90. जी जान लड़ाना

मुहावरे वाली रचना
कोरा काग़ज़
कोरा काग़ज़

तुम्हें मनाने में मैं ने कोई कसर नहीं छोड़ा

तुम तो समझें ही नहीं बात को और रुट गयी हमसे

जी जान लड़ाकर कोशिश की मैंने

पर तुम हमें छोड़कर चल दिये.

— Raj

91. अंग लगाना

मुहावरे वाली रचना

तुम संग प्रीत लगी सजना

तुम्हे देखकर हम खो गये सजना

इतने बरसो के बाद मिले हो सजना

प्यार का मौसम चल रहा है सजना

आकर अंग लगाना सजना

— Raj

92. तुम्हारे ख़त

तुम्हारे ख़त

वो भी क्या ज़माना था
घर के दहलीज पर
डाक का इंतजार था
तुम्हारे खत आने का

उसको पढ़ने का
बार-बार पढ़ने का
वो मीठा एहसास का
वो प्यार भरी बातों का

वो भी क्या दिन थे
एक तड़प होता था
जब कोई पैगाम नहीं
कोई खत नहीं आता था

- Raj

कोरा काग़ज़

93. बहकते क़दम

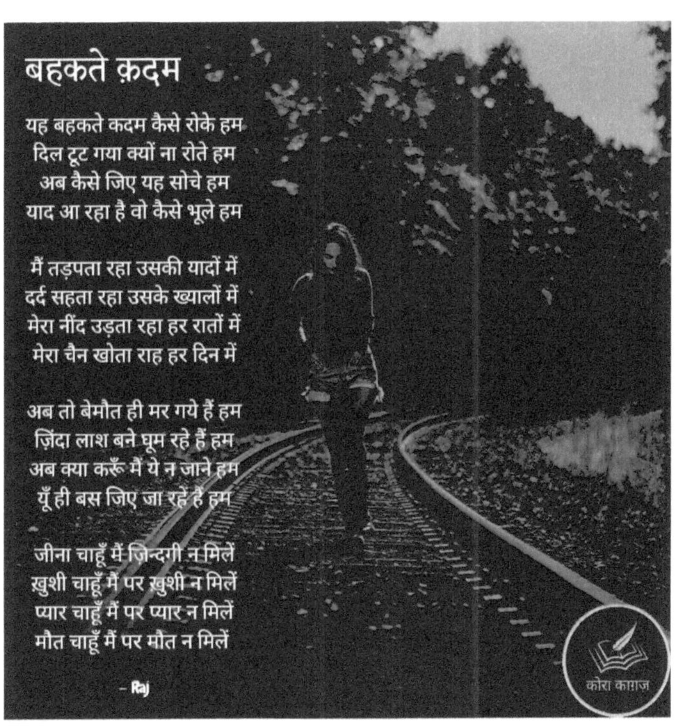

बहकते क़दम

यह बहकते कदम कैसे रोके हम
दिल टूट गया क्यों ना रोते हम
अब कैसे जिए यह सोचे हम
याद आ रहा है वो कैसे भूले हम

मैं तड़पता रहा उसकी यादों में
दर्द सहता रहा उसके ख्यालों में
मेरा नींद उड़ता रहा हर रातों में
मेरा चैन खोता राह हर दिन में

अब तो बेमौत ही मर गये हैं हम
ज़िंदा लाश बने घूम रहे हैं हम
अब क्या करूँ मैं ये न जाने हम
यूँ ही बस जिए जा रहे है हम

जीना चाहूँ मैं ज़िन्दगी न मिलें
ख़ुशी चाहूँ मैं पर ख़ुशी न मिलें
प्यार चाहूँ मैं पर प्यार न मिलें
मौत चाहूँ मैं पर मौत न मिलें

- Raj

कोरा काग़ज़

94. इख़्तिलात - संबंध, लगाव

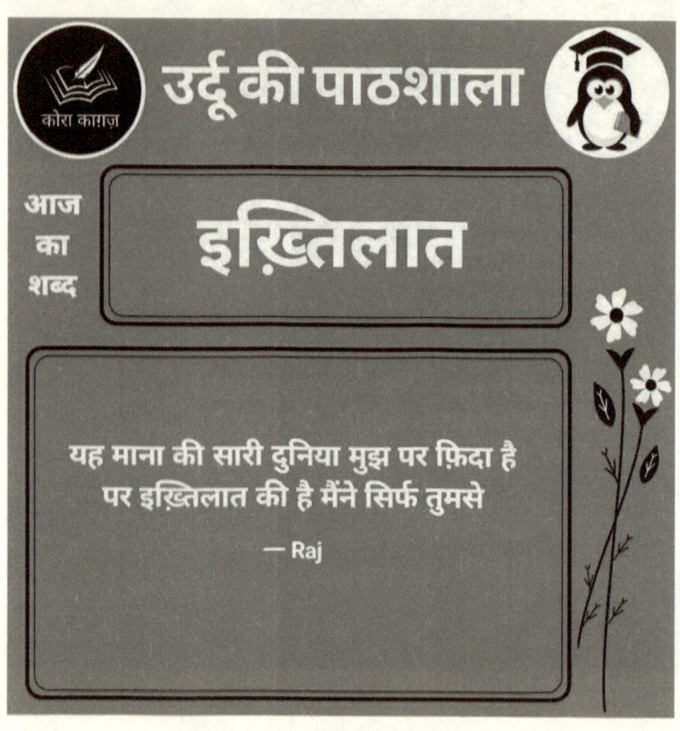

95. कुछ तो लोग कहेंगे

कुछ तो लोग कहेंगे

यह मेरा और तेरा मिलन
दुनिया को हो रही जलन
लोगों में हम हुए मशहूर
कुछ तो लोग कहेंगे यहाँ

लोगों का काम है कहना
वो लोग तो कहता रहेगा
हम क्यों डरे इन सब से
अपना काम प्यार करना

मोहब्बत हम तो करेंगे
चाहे दुनिया कुछ भी कहें
हम इसकी परवा करें क्यों
अलग सा दुनिया बसाएंगे

दुनिया को हम दिखाएंगे
एक मिसाल हम बनेंगे
नफरत की इस दुनिया में
प्यार का दीपक जलाएंगे

– Raj

96. कुछ यादगार सफ़र

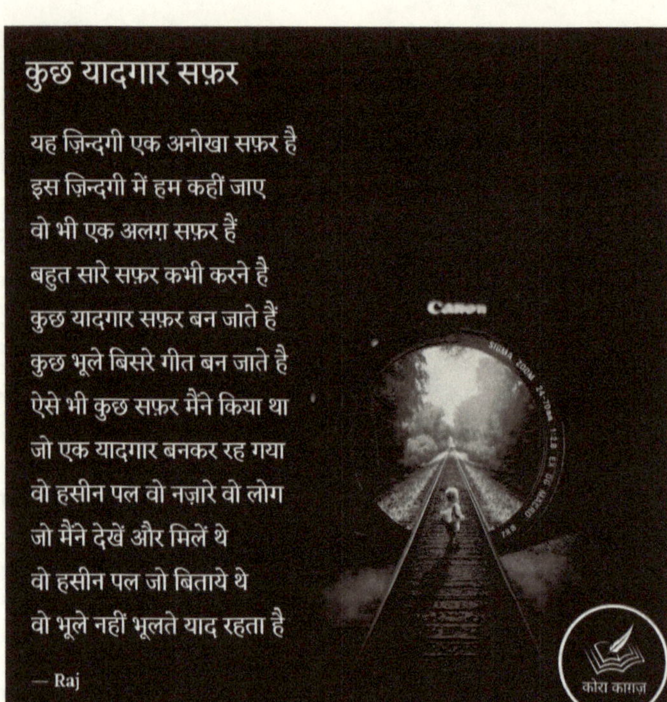

97. अंगारों पर पैर रखना

98. वो गलतियाँ वो...

वो गलतियाँ वो नासमझी

ज़िन्दगी हमने शुरू की थी
इश्क़ की वो गली जहाँ पर
मोहब्बत के मक्काम पर
ना तुम समझ पायी ना मैं

गलतफहमी होता ही रहा
और हम देखते ही रह गये
तक्रारें होता रहा हर दिन
हम कुछ भी न कर सका

वो गलतियाँ वो नासमझी
सब देखता और सहता रहा
दुनिया बदलता चला गया
हम भी दूर होता चला गया

दूरियाँ भी बढ़ता गया
लौटना मुश्किल हो गया
खुश रहें तुम दूर होकर
मैं दर्द में तड़पता रह गया

— Raj

99. अजनबी रास्ता

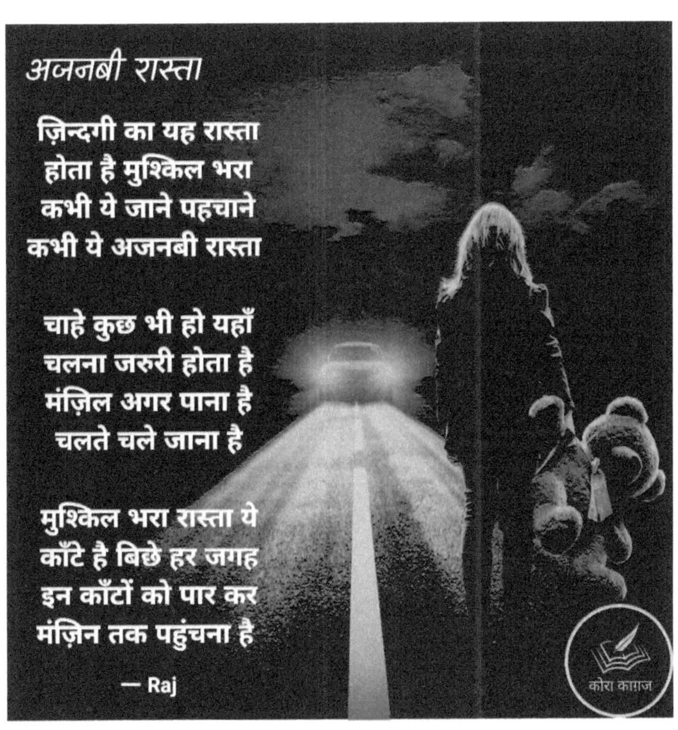
अजनबी रास्ता

ज़िन्दगी का यह रास्ता
होता है मुश्किल भरा
कभी ये जाने पहचाने
कभी ये अजनबी रास्ता

चाहे कुछ भी हो यहाँ
चलना जरुरी होता है
मंज़िल अगर पाना है
चलते चले जाना है

मुश्किल भरा रास्ता ये
काँटे है बिछे हर जगह
इन काँटों को पार कर
मंज़िन तक पहुंचना है

— Raj

कोरा कागज

100. तरक़्क़ी का लिबास

अस्वीकरण

सभी रचनाएँ कल्पना पर आधारित हैं। इसका लेखक के जीवन या ब्रह्मांड में किसी से कोई लेना-देना नहीं है। सभी लेख काल्पनिक हैं और किसी जीवित या मृत व्यक्ति से कोई समानता नहीं है। यदि कोई समानता है तो यह मात्र संयोग है।

लेखक की जीवनी

श्री के.सी. श्रीराज मेनन, जिनका जन्म केरल के एक संपन्न परिवार में 09 सितंबर 1973 को श्री कोझीपुरथ संकुन्नी मेनन और श्रीमती किज़हारा चालापुरथ सेथुलक्ष्मी मेनन के घर हुआ और महाराष्ट्र में अधिवासित हैं। वह बचपन से ही तेज-तर्रार शायरी करते थे, कहते और भूल जाते थे। एक बार उनके एक करीबी दोस्त ने इस पर गौर किया और उन्हें जो भी कविताएँ या उद्धरण कहते थे, उन्हें लिखने के लिए मजबूर किया और तब से उन्होंने लिखना शुरू कर दिया। उन्होंने अपनी कविताओं और उद्धरणों को अपने और अपने करीबी दोस्तों के पास तब तक सीमित रखा जब तक उन्हें अपने कामों को ऑनलाइन लिखने के लिए एक मंच नहीं मिला। वह Your Quote साइट पर एक सक्रिय लेखक हैं और उन्हें प्रतियोगिता के लिए कई प्रशंसापत्र और प्रमाणपत्र प्राप्त हुए हैं। वह एक बहुभाषी लेखक हैं और उनका लेखन विस्मयकारी है। चाहे वह अंग्रेजी, हिंदी, उर्दू, मलयालम और मराठी हो, वह सभी भाषाओं में उत्कृष्ट है। वह कई दिलचस्प लेखकों के लिए एक बड़ी प्रेरणा भी हैं। वह मुंबई विश्वविद्यालय से स्नातक हैं। वह एक एकाउंटेंट हैं और एक स्व-शिक्षित कंप्यूटर इंजीनियर भी हैं। उनके कौशल शीर्ष पायदान पर हैं और उनके पास कई प्रमाणपत्र हैं। अभिनय, लेखन, पेंटिंग और नृत्य और संगीत सुनना आदि... आदि उनके जुनून हैं।

Mail Id.: shreeraj_m@yahoo.co.uk